Emil H. Riedel

Die Gestaltung der juristischen Personen des Bürgerlichen Gesetzbuches

in Sonderheit der Vereine und Stiftungen

Emil H. Riedel

Die Gestaltung der juristischen Personen des Bürgerlichen Gesetzbuches
in Sonderheit der Vereine und Stiftungen

ISBN/EAN: 9783743483309

Hergestellt in Europa, USA, Kanada, Australien, Japan

Cover: Foto ©Suzi / pixelio.de

Manufactured and distributed by brebook publishing software
(www.brebook.com)

Emil H. Riedel

Die Gestaltung der juristischen Personen des Bürgerlichen Gesetzbuches

Die Gestaltung
der
juristischen Personen des Bürgerlichen Gesetzbuches,
in Sonderheit der Vereine und Stiftungen.

Ein Vortrag,

gehalten am 12. Dezember 1896 in der Juristischen Gesellschaft zu Berlin

von

Dr. Emil H. Riedel,

Amtsgerichtsrath.

Berlin 1897.
Siemenroth & Troschel.
W. Lützowstraße 106.

eine in **Ausführung**, also nicht bei Gelegenheit der Ausführung einer ihm zustehenden Verrichtung — sowohl bei Vertretung im rechtsgeschäftlichen Handeln wie bei thatsächlichen Verrichtungen — begangene, zum Schadensersatz verpflichtende (widerrechtliche oder auch nicht widerrechtliche) Handlung zufügt, schließt jede Exculpation aus, umfaßt aber nur die privatrechtliche, nicht auch die öffentlich-rechtliche Vertretungsmacht, also nicht die sich als Ausfluß der Regierungsgewalt, der Staatshoheitsrechte darstellende Vertretungsmacht. In letzterer Beziehung bleibt das Landesrecht in Kraft. In Preußen besteht eine Haftbarkeit des Staates für Versehen der Beamten in dieser Beziehung nicht, § 89 ff. ALR. II, 10; nur § 29 GO. v. 5./V. 72 nimmt ausnahmsweise eine subsidiäre Haftbarkeit des Staats für Versehen der Grundbuchbeamten an.

§ 42 Abs. 2 verpflichtet den Vorstand bezw. die Liquidatoren (§§ 48 Abs. 2, 53) im Falle der **Ueberschuldung** — nicht der Zahlungsunfähigkeit — den Konkurs zu beantragen und führt eine **directe persönliche Haftbarkeit** des Vorstandes bezw. der Liquidatoren den Gläubigern, die durch eine verspätete Konkurs-Anmeldung geschädigt worden sind, gegenüber ein. Nach allgemeinen Rechtsgrundsätzen würde nur eine Haftbarkeit dem Verein, der Stiftung gegenüber allein gegeben sein. Diesen Rechtsgrundsatz dehnt § 89 ebenfalls auf die öffentlich-rechtlichen juristischen Personen aus; es dürfte aber ein Konkursverfahren dieser Körperschaften namentlich in Hinblick auf § 194 a Abs. 2 Entw. z. KO. nur selten stattfinden.

Im Uebrigen bleiben vom BGB. unberührt alle auf dem Staats- und Verwaltungsrecht des Reichs oder der Bundesstaaten beruhenden juristischen Personen mit ihren gesammten innen- und außenrechtlichen Gestaltungen. So der Reichs- und Landesfiscus, die Provinzen und kommunalständischen Verbände, die Kreise, Stadtgemeinden, Amtsverbände, Landgemeinden, Ortsarmenverbände, die evangelischen und katholischen Kirchengemeinden, die Universitäten, die Gymnasien, höheren Schulen ꝛc.

2. Inhalt und Umfang der Rechtsfähigkeit der juristischen Personen.

Eine wesentliche und einschneidende Aenderung, die das BGB. sowohl für die juristischen Personen des privaten wie des öffentlichen Rechts einführt, betrifft Inhalt und Umfang der ihnen zukommenden **Rechtsfähigkeit**. In Anknüpfung an diese Frage ist zu erörtern, ob ihnen im Sinne des BGB. **Handlungsfähigkeit** zusteht oder nicht.

§ 41 Entw. I sprach den juristischen Personen nur Vermögensfähigkeit zu. Entw. II setzte an Stelle der Vermögensfähigkeit Rechtsfähigkeit, denjenigen Ausdruck, den das Gesetz zur Bezeichnung der Rechtssubjectivität, der Rechtspersönlichkeit der natürlichen Person (cf. § 1 BGB.) gebraucht, dadurch andeutend, daß die juristische Person gleich der natürlichen Person Rechtssubject, Träger von Rechten und Verbindlichkeiten sei und in gleichem Umfange wie diese im Rechts- und Verkehrsleben Rechtspersönlichkeit habe. Steht nun das BGB. auf dem Standpunkt der Rechtsgleichheit und Rechtsgemeinsamkeit, auf dem Rechtsgrundsatz: „Gleiches Recht für Alle" bezüglich der natürlichen Personen, so gilt das Gleiche für die juristischen Personen und zwar nicht nur für die des privaten, sondern auch für die des öffentlichen Rechts. Auch die des öffentlichen Rechts kommen im Verkehrsleben wie die natürliche Person als Rechtssubjekte in Betracht und können daher nicht mehr oder weniger Rechte als diese genießen.

Das gem. Recht, das ebenso wie das ALR. die juristischen Personen als unmündige fingirte Personen ansieht und sie deshalb wie die minores durch eine Reihe von Vorrechten — Verlängerung der Verjährungs- und Ersitzungsfristen, Zulässigkeit der Restitution 2c. — schützen zu müssen vermeinte, faßt diese Privilegien unter dem Namen jura minorum, beim Fiscus unter dem Namen jura fisci zusammen. Für das ALR. cf. § 228 ff. II, 11; § 43 II, 19, §§ 624, 629, 641 ff. I, 9; § 35 ff. § 77 II, 14. Auf dem Boden der Rechtsgleichheit und Rechtsgemeinsamkeit ist für diese Vorrechte kein Raum. Sie sind daher als gefallen zu erachten, soweit nicht im BGB. selbst oder im EinfGes. einzelne derselben aufrecht erhalten sind. Das ist nur in geringem Maße geschehen. So hat die l. 1 C. de comp. 4, 31, die in den §§ 368, 369 ALR. I, 16 wiederholt ist und wonach bei einer fiscalischen Kasse nur mit dieser gegenüber zustehenden Gegenforderungen aufgerechnet werden kann, eine Stätte im § 395 BGB. gefunden. § 53 ALR. 1, 16, wonach Zahlungen aus öffentlichen Kassen stets an diesen in Empfang genommen werden müssen und jede Bringschuld sich in eine Holschuld umwandelt, ist in Art. 92 EinfGes. geschützt. Nach § 928 steht dem Fiscus wie nach §§ 3, 8 ff. ALR. II, 16 das Recht auf herrenlose Grundstücke zu u. A. m.

Was die Handlungs- und Willensfähigkeit der juristischen Personen anbetrifft, so ist bis auf den heutigen Tag in der Doktrin die Einwirkung der berühmten l. 15 § 1 D. de dolo malo 4, 3: et puto ex suo quidem dolo non posse dari, quid enim municipes dolo facere possunt? nicht besiegt. Die Kanonisten läugneten auf Grund dieser Rechtsregel, die juristische Person als ein unmündiges, künstliches, geschaffenes Gedankending ansehend, die Haftbarkeit derselben für schuldhafte außercontractliche Handlungen und Unterlassungen ihrer Vertreter, sprachen ihr jede Willens- und Handlungsfähigkeit ab und stellten den Satz auf: impossibile est, quod universitas delinquat.

3. Handlungsfähigkeit der juristischen Personen.

Indeß schon die Glossatoren und Postglossatoren gelangten unter deutsch-rechtlichem Einflusse zur Annahme eines Mehrheitswillens der Corporation und deshalb auch zur Annahme der Haftbarkeit der juristischen Person für die außercontractlichen Handlungen ihrer Vertreter, einem Rechtsgrundsatz, der durch die Rechtsprechung des OHG. und des RG. zur fast einheitlichen Anerkennung für gem. und preuß. Recht gekommen und im § 31 BGB. gesetzlich sanktionirt worden ist.*)

Es ist also die Auffassung der auf dem Standpunkt der Willens- und Handlungsfähigkeit der juristischen Personen stehenden Glossatoren und Postglossatoren zum Durchbruch gekommen! Schon daraus läßt sich der Schluß ziehen, daß das BGB. auf dem Standpunkt der Willensfähigkeit der juristischen Personen steht. Es enthält aber ferner der § 43 Abs. 1 die Negation des kanonistischen Grundsatzes: impossibile est. quod universitas delinquat; denn wenn durch einen gesetzwidrigen Beschluß der Mitgliederversammlung, also des Haupt-Willens-Organs des Vereins, durch gesetzwidriges Verhalten des Vorstandes, des regelmäßigen Willensorgans des Vereins, das Gemeinwohl gefährdet, d. h. also auch durch strafbare Handlungen wie §§ 128, 129, 130 StGB. gefährdet werden kann, wenn damit anerkannt ist, daß der Verein durch seine Willensorgane delinquere posse, so läßt sich auch an seiner Willensfähigkeit nicht zweifeln.

Bei der Lösung dieser Frage handelt es sich nicht um eine Schulfrage, sie ist von praktischer Bedeutung für die Auslegung des BGB. auch außerhalb der für die Vereine gegebenen Vorschriften. Ein Hinweis auf die §§ 206, 939 1944, 1997 wird dies darthun; denn nimmt man Handlungsfähigkeit, d. h. in der Sprechweise des BGB. Geschäftsfähigkeit der juristischen Person an, so wird im § 206 z. B. durch das Fehlen des gesetzlichen Vertreters — beim Verein hat nach § 26 der Vorstand die Stellung des gesetzlichen Vertreters — die Verjährung nicht gehemmt. Ist die Willensfähigkeit der juristischen Person nicht anzunehmen, so ist § 206 und die weiter angezogenen §§ auch auf sie anzuwenden.

<small>1. Begrenzung der Vorschriften des BGB. auf Vereine und Stiftungen.</small> Abgesehen von den juristischen Personen des öffentlichen Rechts beziehen sich die Vorschriften des BGB. im Abschn. I des Allg. Th. nur auf die Vereine und die Stiftungen des bürgerlichen Rechts, nicht auf andere juristische Personen des Privatrechts. Diese Begrenzung der Rechtsgrundsätze des BGB. ist deshalb für erforderlich erachtet worden, weil, abgesehen von den Vereinen und Stiftungen, die juristischen Personen des Privatrechts ihre Regelung bereits empfangen haben theils

---

*) Zusammenstellung der Literatur und einschlägigen Entscheidungen bei Kuhlenbeck, Rechtsprech. d. Reichsg. S. 133—142.

durch die Reichs-, theils durch die Landesspecialgesetzgebung, letzteren Falls innerhalb des Rahmens von Materien, die ihrer Gesammtgestaltung nach, also auch soweit sie sich auf gesellschaftliche Formen beziehen, durch das EinfGes. aufrecht erhalten sind.

Bezüglich der Reichsspecialgesetzgebung sind hier zu nennen die Gesellschaftsbildungen des HGB., die Gesellschaften m. b. H., die Genossenschaften, die Krankenkassen (§§ 25, 35 Ges. v. 10. IV. 92), die eingeschriebenen Hülfskassen (Ges. v. 7./IV. 76), die Berufsgenossenschaften (Ges. v. 6./VII. 84, 5./V. 86, 13./VII. 87, 11./VII. 87), die Innungen der Gew.O., die Reichsbank, die Kolonialgesellschaften (§ 8 Ges. v. 17./IV. 86 bezw. 15. III. 88).

An ganzen Materien schützen Art. 65 ff. EinfGes. das Wasserrecht, Deich= und Sielrecht, das Bergrecht, Jagd= und Fischereirecht, den größten Theil des Forst= und Agrarrechts. An hierher gehörigen Gesellschafts= formen bleiben daher mit diesen Materien unberührt die Gewerke und Knappschaftskassen des preuß. Berggesetzes v. 24./VI. 65, die Deichverbände des preuß. Deichges. v. 28./I. 48, die Fischereigenossenschaften des preuß. Ges. v. 30. V. 74, die Wassergenossenschaften des preuß. Ges. v. 1./IV. 79, die Waldgenossenschaften des preuß. Ges. v. 6./VII. 75, die besonderen Schutz durch Art. 83 EinfGes. erfahren haben.

Finden auf alle diese Gesellschaftsformen die §§ 25—53 BGB. keine Anwendung, so läßt sich auf sie die directe Anwendung z. B. auch der beiden auf die juristischen Personen des öffentlichen Rechts im § 89 zur Geltung gebrachten §§ 31 und 42 Abs. 2 nicht aussprechen. Indeß hat die Rechtsprechung des Reichsgerichts (E. Bd. 15 S. 121 ff., 32 S. 35) sich in constanter Praxis bezüglich der Haftung der offenen Handelsgesellschaften für die unerlaubten Handlungen der vertretungs= berechtigten Gesellschafter im Sinne des § 31 BGB. seit Jahren ausgesprochen. Ist dies nun schon bei der offenen Handelsgesellschaft geschehen, die doch anerkanntermaßen (E. b. RG. Bd. 17 S. 367) eine juristische Person nicht ist, so dürfte anzunehmen sein, daß bez. der juristischen Person, z. B. bez. der Aktiengesellschaft, die Rechtsprechung erst recht sich auf diesen Standpunkt stellt. Eine Entscheidung liegt bisher bez. der Aktiengesellschaften nicht vor; die Literatur äußert sich aber durchgehends bez. aller juristischen Personen in diesem Sinne, cf. Windscheid § 59 für das gem. und Dernburg, preuß. Privatr. Bd. 1 § 53 für das preuß. Recht.

Man wird daher sagen müssen, daß, wenn auch § 31 nicht direct seiner Stellung im System des BGB. nach auf alle juristischen Personen der Reichs- und Landesspecialgesetzgebung zu beziehen ist, doch eine analogische Anwendung desselben geboten ist.

Nachdem so der Anwendungsbereich der Vorschriften des BGB. über die juristischen Personen erläutert und zugleich beschränkt worden ist, vermag zur Darstellung der Rechtsgrundsätze der im BGB. — wenn vom § 89 abgesehen wird — ausschließlich behandelten Arten der juristischen Personen, der Vereine und der Stiftungen übergegangen zu werden.

I. Die Vereine.

1. Allgemeines.

Gegenüber der romanistischen Doktrin, die seit Jahrhunderten es nicht vermocht hat, den rechtsgeschichtlichen Entwicklungsgang der juristischen Personen zu beleben und es sich an Erörterung althergebrachter Controversen genügen ließ, wurde der erste Anstoß zur Weiterentwicklung durch die Genossenschaftstheorie von Beseler und Gierke gegeben. Auf dem Wege praktischer Gesetzesvorschläge kam diesen Bestrebungen Schulze-Delitzsch, der Vater des preuß. Genossenschaftsges. v. März 1867, und des Bundes-Genossenschaftsges. v. 4. Mai 1868 entgegen, welch' letzteres noch heute als Reichsges. v. 1. Mai 1889 in Kraft ist. Die Genossenschaften bilden eine Mittelstufe zwischen den Societäten und den juristischen Personen; den ersteren stehen z. B. die Genossenschaften mit unbeschränkter Haftpflicht außerordentlich nahe: Der einzelne Genosse haftet neben der Genossenschaft den Gläubigern für einen Ausfall im Konkursverfahren mit seinem ganzen Vermögen, § 116 GenGes., eine z. B. dem Art. 112 HGB. bez. der Haftung der Gesellschafter einer offenen HG. sehr ähnliche Gestaltung. Ein Bedürfniß nach einer zwischen Societäten und juristischen Personen stehenden Gesellschaftsform muß auch schon z. Z. der Emanation des ALR. vorhanden gewesen sein; denn die erlaubten Privatgesellschaften, nach außen Societäten, nach innen Corporationen, stellen gleichfalls eine Mittelstufe zwischen beiden dar. Während aber das letztere Institut kaum je recht lebensfähig gewesen ist, haben sich die Genossenschaften zu hoher Blüthe entfaltet, und daß schon ihnen zu Grunde liegende Princip der Normativbestimmungen mit Registerzwang ist vorbildlich geworden für die Gestaltung der Gesellschaften nicht nur des Reichs sondern auch der meisten Particularstaaten.

Schulze-Delitzsch hatte durch im Jahre 1869, 1871 und 1872 im Reichstag eingebrachte Anträge bezweckt, das private Vereinsrecht — das öffentliche Vereinsrecht, wiewohl nach Art. 4 Z. 16 Reichs-Verf.

Gegenstand der Reichsgesetzgebung, sieht noch heute seiner Regelung von Reichswegen entgegen, weshalb in dieser Beziehung das particulare Recht — für Preußen das Gesetz v. 11. März 1850 — in Geltung ist — auf dem Princip der Normativbestimmungen mit Eintragungszwang zu regeln. Es scheiterten aber seine Anträge an dem Widerstand des Bundesraths, der befürchtete, daß das öffentliche Vereinsrecht der Bundesstaaten nicht immer eine Handhabe bilde, um einer zu weitgehenden Vereinsthätigkeit namentlich bei Vereinen mit politischen und religiösen Zwecken entgegentreten zu können.

Von diesem Gesichtspunkte geleitet, betrat auch Entw. I. nicht den durch die Rechtsentwicklung nahe gelegten Weg, nämlich den der Regelung des Vereinsrechts auf Grundlage des mehrfach erwähnten Systems, ließ vielmehr für die Entstehung und den Verlust der Rechtspersönlichkeit eines Vereins das Landesrecht entscheiden d. h. es hätte, da in den weitaus meisten Particularstaaten, auch in Preußen nach §§ 25 ff. II, 6 das Concessionssystem gilt, dieses im Wesentlichen den Personenvereinen zu Grunde gelegen. Der Entw. II griff zu dem dem rechtsgeschichtlichen Entwicklungsgange nach allein gegebenen Ausweg, dem System der Normativbestimmungen mit Eintragungszwang. Die vom Entw. II bewirkte Gestaltung ist trotz im Bundesrathe und in der Commission wie im Plenum des Reichstages versuchter Abänderungen mit ganz unwesentlichen Modificationen Gesetz geworden.

Das Gesetz unterscheidet zwischen eingetragenen und auf Verleihung beruhenden Vereinen, neben welchen im Art. 10 EinfGes. noch die anerkannten Vereine genannt werden. Die allgemeinen Vorschriften der §§ 21—54 beziehen sich sowohl auf eingetragene wie auf concessionirte Vereine, während §§ 55—79 lediglich die eingetragenen Vereine betreffen.

§§ 21—24 befassen sich zunächst mit der Begriffsbestimmung der eingetragenen und der auf Verleihung beruhenden Vereinen. Durch Eintragung erlangen die Vereine zu immateriellen, idealen, also „zu gemeinnützigen, wohlthätigen, geselligen, wissenschaftlichen, künstlerischen und anderen nicht auf einen wirthschaftlichen Geschäftsbetrieb gerichteten Zwecken", wie Entw. II sich ausdrückte, Rechtsfähigkeit. In der Reichstags-Commission hat man freilich den positiven Theil dieser Begriffsbestimmung des Entw. II gestrichen, ohne damit indeß eine Abänderung erzielen zu wollen.

Da durch die Reichsgesetzgebung die Gesellschaftsformen, in denen auf wirthschaftlichen Geschäftsbetrieb gerichteten Personen-Vereinigungen ihre Befriedigung suchen, ihre erschöpfende Regelung gefunden haben, so blieb für das BGB. nur noch die Gestaltung derjenigen Personen=Vereine übrig, die immaterielle Zwecke verfolgen und ihnen wendet das BGB. auch seine Hauptaufmerksamkeit zu, wie schon aus der Eintheilung zu ersehen, daß den eingetragenen ein eigener Abschnitt im Gesetz gewidmet ist.

Wenn daneben im §§ 22 und 23 noch auf Verleihung, also auf dem veralteten Concessionssystem beruhende Vereine und in Sonderheit im § 22 Vereine, deren Zweck auf einen wirthschaftlichen Geschäftsbetrieb gerichtet ist, also mit einem materiellen Zweck erwähnt werden, so ist dies nur aushülfsweise geschehen; sollten Personen-Vereinigungen ihre wirthschaftlichen Bedürfnisse nicht in den Gesellschaftsformen der Reichsspecialgesetzgebung und auch nicht im Rahmen der Societät (§§ 705 ff. BGB.) befriedigen können, sondern anderweitige Associationsformen bedingen, so sind die concessionirten Vereine des § 22 Abhülfe zu schaffen berufen. Um eine freiere Gestaltung solcher Vereine zu ermöglichen, ist die Concession und nicht die im Gesetz festgelegte Norm das Gegebene. Es läßt auch, während die eingetragenen Vereine sich bezügl. der Verfassung nur nach dem BGB. (§§ 25—53) richten und soweit dasselbe keine oder Dispositionsnormen enthält, Privatautonomie, das Selbstbestimmungsrecht, eintritt, Art. 82 EinfGes. für die Verfassung concessionirter Vereine das Landesrecht unberührt, eine Bestimmung, die in der zweiten Commission des BGB.*) dahin klargestellt worden ist, daß es sich nur darum handeln könne, einzelne Bestimmungen des neuen reichsgesetzlichen Vereinsrechts, die auf die concessionirten Vereine nicht paßten, von der Anwendung auszuschließen und insoweit dem Landesrecht Raum zu geben. Da die Landesgesetzgebung im Rahmen des Art. 82 EinfGes. auch befugt ist, neue, dem Reichsrecht zuwiderlaufende Vorschriften zu erlassen (Art. 3 EinfGes.), ist allerdings die Möglichkeit gegeben, im Wege des Concessionssystems besonderen Bedürfnissen gesellschaftlicher Vereinigungen zu erwerblichen Zwecken Rechnung zu tragen.

Nach § 23 BGB. erlangen sodann im Wege der Concession des Bundesraths — im § 22 ertheilt der Bundesstaat dieselbe — Vereine, die weder im Inlande, noch im Auslande d. h. also in den Consular= oder Schutzbezirken ihren Sitz haben, Rechtsfähigkeit, wofern nicht besondere reichsgesetzliche Vorschriften wie z. B. für die bereits erwähnten Colonialgesellschaften bestehen. Diese Vereine können materielle und immaterielle Zwecke verfolgen.

Vereine, die die Eintragung oder Concession nicht nachsuchen oder

---

*) Prot. II S. 8839.

denen sie verweigert wird, sind nach § 54 wie Societäten zu behandeln. Aus Rechtsgeschäften, die Namens solcher nicht rechtsfähiger Vereine eingegangen werden, haftet der Handelnde persönlich. Diese Rechtsgrundsätze kommen auch für den im Inland nicht anerkannten ausländischen Verein im Sinne des Art. 10 EinfGes. zur Anwendung. Art. 10 cit. ist eine der das internationale Privatrecht regelnden Vorschriften, die im ersten Abschnitt des EinfGes. ihren Platz gefunden haben. Es ist, da diesen Vorschriften bez. des Personenstandes, also auch bez. Inhalt und Umfang der Rechtsfähigkeit, das Nationalitätsprincip zu Grunde liegt, davon auszugehen, daß juristische Personen des Auslandes im Inlande in demselben Maße rechtsfähig sind, wie nach ihrem Heimathsrecht. Wendet man diesen Grundsatz auf die eingetragenen und concessionirten Vereine der §§ 21 und 22 an, so würden ausländische Vereine dieser Art im Inland besser gestellt sein als inländische, die nur nach besonderer Prüfung bezw. nach Erfüllung besonderer Normativvorschriften Rechtsfähigkeit erlangen können. Um dieser Incongruenz vorzubeugen, unterwirft Art. 10 cit. ausländische rechtsfähige Vereine, die Rechtsfähigkeit im Inlande nur nach den Vorschriften der §§ 21, 22 BGB. erlangen könnten, einem besonderen Concessionsakt, der sog. Anerkennung, die durch Beschluß des Bundesraths ertheilt wird.

Was die Verfassung der Vereine anbetrifft, so ist von dem Vorstande, der Mitglieder-Versammlung und den Mitgliedsrechten zu handeln.

3. Verfassung.

Der Vorstand hat die Stellung eines gesetzlichen Vertreters, ist nicht gesetzlicher Vertreter, wie § 41 Entw. I sich ausdrückte. Man wählte diese Fassung, einmal nach dem Prot. II, um zum Ausdruck zu bringen, daß man bezüglich des Wesens der juristischen Person und bezüglich der Constructionsfrage, ob sie handlungsfähig ist oder nicht, einer bestimmten Theorie nicht folge, und sodann um keinen Zweifel darüber zu lassen, daß der Vorstand zu den gesetzlichen Vertretern im Sinne der CPO. (cf. §§ 50, 54, 391, 435, 436) und anderer neuer Gesetze gehöre (Mot. I S. 95). Dem Vorstande stehen im Wesentlichen dieselben Befugnisse zu, er hat im Wesentlichen dieselbe Stellung wie der Vorstand der Aktiengesellschaft, Art. 227 BGB. Seine Vollmacht ist nicht wie die des Vormundes, Pflegers, Inhabers der elterlichen Gewalt gesetzlich beschränkt (cf. §§ 1630 Abf. 1, 1793, 1915 ff., 1795, 1807 ff., 1821, 1822), sondern nach außenhin, gegen Dritte unbeschränkt, § 26, jedoch kann anders als bei der Aktiengesellschaft (Art. 227 cit.) und der Genossenschaft (§ 24, Ges. v. 1./V. 89) der Umfang der Ver-

tretungsmacht durch die Satzung mit Rechtswirkung gegen Dritte be=
schränkt werden. Daß Zulässigkeit der Beschränkung für das innere Ver=
hältniß des Vorstandes zum Verein, für die Geschäftsführung
auch ohne Aufnahme in die Satzung der Regel nach selbstverständlich ist,
ergiebt sich aus § 27 Abs. 3, wonach für dieses innere Verhältniß die
für den Auftrag geltenden Vorschriften Anwendung zu finden haben.
Für das äußere Verhältniß bestimmt sich der Inhalt der Vertretungs=
macht durch die von der Vertretung und Vollmacht handelnden
§§ 164 ff.

Die Bestellung des Vorstandes ist jeder Zeit widerruflich, jedoch
kann die Widerruflichkeit auf den Fall beschränkt werden, daß ein wich=
tiger Grund für den Widerruf vorliegt; immer aber erfolgt der Wider=
ruf unbeschadet des Anspruchs auf die vertragsmäßige Vergütigung,
§ 27 Abs. 2. Bestellung und Widerruf erfolgt — wenn nicht die
Satzung Anderes bestimmt — durch Beschluß der Mitglieder=Versamm=
lung, § 27 Abs. 1. Bei periculum in mora bestellt das Amtsgericht,
in dessen Bezirk der Verein seinen Sitz hat, auf Antrag eines Be=
theiligten Ergänzungsmitglieder des Vorstandes, § 29. Neben dem
Vorstande können nach der Satzung für gewisse Geschäfte z. B. zur
Führung eines Processes Namens des Vereins gegen den Vorstand be=
sondere Vertreter bestellt werden, § 30.

Besteht der Vorstand aus mehreren Mitgliedern, so entscheiden
diese unter sich nach Stimmenmehrheit, § 28 Abs. 1, dadurch ist das
collectivistische Princip, wie es im gleichen Fall bei den Actiengesell=
schaften, Ges. m. b. H., den Genossenschaften gilt, ausgeschlossen. Es
genügt auch, wo eine Willenserklärung dem Verein gegenüber abzu=
geben ist, Abgabe gegenüber einem Mitgliede des Vorstandes, § 28 Abs. 2.

Die Mitglieder=Versammlung ist Haupt und Spitze des
Vereins, das Gesammtheitsorgan zur Aeußerung eines Willensaktes
der Gesammtheit; der Vorstand ist nur Vertreter des Willens der Ge=
sammtheit nach außen, da diese nach außen nicht handelnd auftreten
kann. Die Bestellung eines Aufsichtsrathes ist nicht vorgeschrieben,
aber auch nicht verboten.

Die Mitglieder=Versammlung beschließt mit einfacher Mehrheit der
erschienenen Mitglieder; nur bei Aenderung der Satzung ist Dreiviertel=
mehrheit der erschienenen Mitglieder, bei Aenderung des Zweckes sogar
Einstimmigkeit sämmtlicher Mitglieder erforderlich, § 32, 33. Nach=
gelassen ist auch, daß Beschlüsse ohne Versammlung gefaßt werden
können; dann ist aber stets schriftliche Zustimmung sämmtlicher
Mitglieder, also Stimmeneinheit erforderlich, § 32 Abs. 2.

In der Mitglieder-Versammlung hat jedes Mitglied eine Stimme; denn es ist die Mitgliedschaft nicht übertragbar, § 38, Ausübung des Stimmrechts durch Bevollmächtigte, wie bei der Aktiengesellschaft zulässig, ist ausgeschlossen; doch handelt es sich dabei nur um eine dispositive Norm; die Satzung kann somit die Zulassung der Vertretung in Ausübung des Stimmrechts anordnen, § 40. Bei collidirendem Interesse d. h. wenn die Beschlußfassung die Vornahme eines Rechtsgeschäfts oder die Erledigung eines Rechtsstreits zwischen dem Verein und einem Mitgliede betrifft, ist dies Mitglied nicht stimmberechtigt, § 34, andererseits dürfen jura singulorum d. h. auf Grund der Statuten wohl erworbene und deshalb unentziehbare Rechte, sog. jura quaesita, durch Mitgliederbeschluß nicht gekränkt werden, § 35 (cf. Entsch. RG. Bd. XI S. 271 und Laband in Hirths Annalen de 74 S. 1503). Zu unterscheiden von den jura singulorum sind diejenigen Rechte, die jedem Mitgliede unterschiedslos zustehen. So das Stimmrecht in der General-Versammlung, das Recht des in der Satzung bestimmten ev. des zehnten Theils der Mitglieder, die Berufung der General-Versammlung schriftlich unter Angabe des Zweckes und der Gründe beim Vorstande zu verlangen und bei Weigerung des Vorstandes durch das Amtsgericht, in dessen Bezirk der Verein seinen Sitz hat, zu erzwingen, § 37. Diese Mitgliedschaftsrechte können unter Umständen zu jura singulorum erwachsen z. B. das Anrecht auf das Vereins-Vermögen nach Auflösung des Vereins, § 45 Abs. 3. Die jura singulorum müssen aus der Satzung entspringen und nicht auf Specialtiteln beruhen. Steht einem Mitglied ein auf einem Specialtitel beruhendes Recht zu, so ist ein rechtlicher Zusammenhang zwischen Mitgliedschaft und Rechtsanspruch nicht vorhanden; der Zusammenhang ist nur ein thatsächlicher, zufälliger und es könnte der Anspruch ebensogut einem Nichtmitgliede zustehen.[*]

Ueber den Eintritt der Mitglieder in den Verein giebt das Gesetz keine Vorschrift; der Privatautonomie ist in dieser Beziehung keine Schranke gesetzt; jedoch soll beim eingetragenen Verein die Satzung diesbezügliche Bestimmung enthalten, § 58 Z. 1. Bezüglich des Austritts von Mitgliedern bestimmt § 39, daß sie dazu berechtigt sind. Ob jederzeit, hat die Satzung zu bestimmen, jedoch ist dieselbe befugt anzuordnen, daß der Austritt nur am Schlusse eines Geschäftsjahres oder erst nach dem Ablauf einer Kündigungsfrist zulässig ist. Diese Kündigungsfrist kann höchstens auf 2 Jahre erstreckt werden, § 39 Abs. 2.

---

[*] Ausführlicheres über die jura singulorum, auch eingehendere Literatur-Angabe bei Riedel, BGB. S. 119 Anm. *.

Auch über den Austritt der Mitglieder soll beim eingetragenen Verein sich die Satzung verhalten, § 58 Z. 1. § 39 enthält übrigens zwingendes Recht. Der Austritt muß also wenigstens innerhalb der im § 39 gegebenen Schranken gestattet sein. Für das Wesen des Vereins folgt daraus, daß er aus einer nicht geschlossenen Mitgliederzahl gleich der Genossenschaft (§ 1 RG. v. 1./V. 1889) bestehen muß.

4. Erwerb der Rechtsfähigkeit der Vereine. Nach diesem kurzen Abriß über die Verfassung der Vereine ist über Entstehung und Erlöschen der Rechtsfähigkeit derselben zu handeln. Bezüglich der Entstehung der Rechtsfähigkeit der eingetragenen Vereine enthalten die §§ 55 ff. die erforderlichen Vorschriften, während es in dieser Beziehung an Sondervorschriften bez. der concessionirten Vereine gebricht. Das Erlöschen der Rechtsfähigkeit ist für beide Arten von Vereinen in den §§ 41 ff. geregelt. Die §§ 73 ff. enthalten indeß für die eingetragenen Vereine eine Reihe formeller Sondervorschriften, um das Vereins-Register mit der durch §§ 41 ff. geschaffenen materiellen Lage in Einklang zu bringen.

Die Rechtsfähigkeit der eingetragenen Vereine wird durch Eintragung erworben, § 21. Mit der Eintragung erhält der Name des Vereins den Zusatz „eingetragener Verein", § 65. Der Name des Vereins, der dem Schutze des § 12 untersteht, soll sich von den Namen der an demselben Orte oder in derselben Gemeinde bestehenden eingetragenen Vereinen deutlich unterscheiden, § 57 Abs. 2.

Um die Eintragung des Vereins herbeizuführen, ist seine Anmeldung bei dem Amtsgericht, in dessen Bezirk der Verein seinen Sitz hat, erforderlich, § 55. Der Anmeldung ist die Satzung in Urschrift und Abschrift und eine Abschrift der Urkunden über die Bestellung des Vorstandes beizufügen. Die Satzung soll entsprechend der Norm, daß die Zahl der Mitglieder eines einzutragenden Vereins mindestens sieben betragen soll, § 56, von mindestens sieben Mitgliedern unterzeichnet sein und die Angabe des Tages der Errichtung tragen, § 59. Der alte Satz der l. 85 D. de V. S. 50, 16: Neratius Priscus tres facere existimat collegium ist also für die eingetragenen Vereine wie bei den Genossenschaften (§ 4, 78 GenossenschGes.) umgestoßen. Während aber bei den Genossenschaften auch bei der Auflösung die Siebenzahl maßgeblich ist, gilt dies bei den eingetragenen Vereinen nicht. Hier ist wieder die Dreizahl für maßgeblich erklärt, § 73. Auf concessionirte Vereine sind indeß diese Vorschriften nicht analogisch auszudehnen, vielmehr ist anzunehmen, daß für ihre Begründung nicht nur der alte römische Satz seine Geltung behält, sondern auch für die Aufhebung der römische, übrigens auch in das pr. ALR. (§ 177, II 6) übergegangene

Grundsatz der l. 7 § 2 D. quod cujus cunque universitas 3, 4 gilt, daß nur ein Mitglied zur Erhaltung der Rechtsfähigkeit ausreicht, cf. Entsch. b. RG. Bd. 23 S. 202.

Die Grundlage der Eintragung bildet danach die Satzung. Sie muß Zweck, Name und Sitz des Vereins enthalten, auch angeben, ob der Verein eingetragen werden soll, § 57. Sie soll ferner über Eintritt und Austritt der Mitglieder, über die Mitglieder-Beiträge, über die Vorstands-Bildung und über die Mitglieder-Versammlung, in Sonderheit über die Voraussetzungen und die Form der Berufung, über die Beurkundung der Beschlüsse Bestimmung treffen.

Innerhalb der Satzungsnormen der §§ 55—79 ist danach zwischen Muß- und Sollvorschriften, wie bei den allgemeinen für beide Arten von Vereinen geltenden Normen der §§ 26—53 zwischen solchen zwingenden und dispositiven Rechts zu unterscheiden ist. Jede dieser 4 Normenarten zeitigen verschiedene Rechtswirkungen.

5. Muß- und Sollvorschriften. Dispositive und zwingende Normen.

Ist den Muß- und Sollvorschriften nicht entsprochen, so hat der Registerrichter die Eintragung durch einen motivirten, mit der sofortigen an das Landgericht gehenden Beschwerde anfechtbaren Beschluß abzulehnen, § 60. Uebersieht der Registerrichter das Fehlen von Sollvorschriften und trägt trotzdem ein, so hat dies auf die Rechtswirksamkeit der Eintragung keinen Einfluß. Wohl aber ist dies der Fall, wenn trotz Verstoßes gegen eine Mußvorschrift Eintragung erfolgt ist. Die Eintragung ist rechtsunwirksam. Doch enthält das Gesetz keine Vorschrift, wie einer solchen Unwirksamkeit, Nichtigkeit der Eintragung abzuhelfen. Nach Prot. II (S. 1132 und 1150) soll das zu erwartende RG. über die freiwillige Gerichtsbarkeit die Lücke auszufüllen berufen sein und zugleich Bestimmung treffen, wie es mit den von einem nichtigen Vereine vorgenommenen Rechtsakten und mit den Vermögensverhältnissen eines derartigen Vereins — denn ein Auseinanderfallen derselben in seine einzelnen Bestandtheile würde zu schwierigen Verwicklungen führen — gehalten werden soll.

Zu den Essentialien eines Vereins gehört nicht nur Zweck — ein seinem Zwecke nach nicht eintragsfähiger Verein kann auch durch Eintragung nicht Rechtsfähigkeit erlangen, seine Eintragung ist ebenso nichtig, wie die Verleihung der Rechtsfähigkeit nach § 32 an einen nicht auf einen wirthschaftlichen Geschäftsbetrieb gerichteten Verein —, Sitz, Name, Angabe, daß der Verein eingetragen werden soll § 57; es sind noch 2 weitere Kriterien hinzuzufügen: Es muß ein Verein, d. h. eine auf einer nicht geschlossenen Mitgliederzahl beruhende Personenvereinigung vorliegen und es muß der Verein sich ferner als juristisch-

Person und nicht als Societät darstellen, d. h. der Verein muß den Gläubigern mit dem Vereinsvermögen haften; die Mitglieder dürfen nicht unbeschränkt mit ihrem ganzen Vermögen wie Socien haften. Während aber § 1 Genossensch(Ges. die Bedingung der nicht geschlossenen Mitgliederzahl zu dem Wesen der Genossenschaft rechnet, ist dies für die Vereine im BGB. nicht geschehen. § 39 Abs. 1 enthält in dieser Beziehung lediglich eine zwingende Vorschrift, deren Verletzung nicht Nichtigkeit der Gesammteintragung und damit der Rechtsfähigkeit, sondern nur Nichtigkeit der betreffenden Einzeleintragung nach sich zieht.

Letztere Wirkung ist die aller zwingenden Charakter tragenden allgemeinen Vorschriften der §§ 26–53. Soweit sie nicht zugleich Sollvorschriften sind, darf wegen Verstoßes gegen sie der Registerrichter nicht einmal die Eintragung ablehnen, § 60, und es ist auch nicht erforderlich, da sie von rechtswegen pro non scriptum gelten: Es treten die betreffenden gesetzlichen Vorschriften der §§ 26–53 lediglich an die Stelle der nichtigen Einzelvorschrift (cf. Entsch. d. Kammerg. Bd. XIII S. 59). Das erhellt ohne Weiteres, wenn z. B. die Satzung gegen die §§ 31, 34, 35 verstoßende Vorschriften enthalten sollte. Es kommt dieser Rechtsgrundsatz dementsprechend auch bei Verstoß der Satzung gegen § 39 Abs. 1 zur Anwendung, jedoch ist hier zu berücksichtigen, daß es sich zugleich um eine Sollvorschrift handelt, § 58 Z. 1, der Registerrichter ist also befugt, wegen eines Verstoßes gegen § 39 Abs. 1 die Eintragung abzulehnen, § 60. Hat er aber den Verein eingetragen, so ist nicht Rechtsunwirksamkeit der Gesammteintragung, sondern nur der Einzelbestimmung der Satzung die Folge.

Verstöße gegen allgemeine Vorschriften dispositiven Charakters — außer den im § 40 benannten auch z. B. § 26 Abs. 2 Satz 2, §§ 30, 39 Abs. 2 — sind begriffsgemäß nicht denkbar; denn zu ihrem Wesen gehört grade, daß sie der Privatautonomie keine Schranke setzen. —

6. Das Einspruchsrecht der Verwaltungsbehörde. Nach diesem Exkurs über die rechtliche Bedeutung der einzelnen Arten der Normativbestimmungen kehren wir zur Darstellung zurück, wie ein Verein durch Eintragung Rechtsfähigkeit erlangt. Findet der Registerrichter, daß Anstände gegen die Satzung des zur Anmeldung gekommenen Vereins sich nicht ergeben, so hat er die Anmeldung mit ihren Anlagen (Satzung und Urkunde über die Bestellung des Vorstandes) der zuständigen Verwaltungsbehörde mitzutheilen und zwar in urkundlicher Weise durch Zustellungsurkunde, da die Verwaltungsbehörde binnen 6 Wochen präklusivischer Frist Einspruch gegen die Eintragung einzulegen befugt ist, § 61 Abs. 1, § 62 Abs. 1. Wird Einspruch nicht erhoben, so trägt der Registerrichter den Verein ein, womit die Rechtsfähigkeit erworben ist. Zwar ist diese Eintragung (doch nicht spätere Eintragungen z. B. bei Aenderung der Verfassung, Bestellung neuer Vorstandsmitglieder) zu veröffentlichen; jedoch knüpfen sich an diese Veröffentlichung keinerlei Rechtsfolgen. Die Unterlassung der Veröffentlichung ist in Sonderheit für die Rechtsfähigkeit des Vereins ohne rechtliche Bedeutung, § 66.

Erhebt indeß die Verwaltungsbehörde Einspruch, so hat das Amtsgericht davon dem Vorstande Mittheilung zu machen, es diesem überlassend, ob er den Einspruch im Wege des Verwaltungsstreitverfahrens (in Preußen im Wege der Klage nach § 50 ff. des Ges. über die allg. Landesverwaltung vom 30. Juli 1883 oder wo ein solches nicht besteht, im Wege des Rekurses nach Maßgabe der §§ 20, 21 GewO.) anfechten wolle oder nicht, § 62 Abs. 2.

Bei Aenderungen der Satzung ist der Gang der eben beschriebenen Formalitäten ebenfalls zu wahren, bevor der Registerrichter zur Eintragung der Aenderung schreiten darf, § 67, 71. Nur ein Unterschied ist hier zu beachten. § 66 Abs. 1 findet bei Eintragung der Aenderung nicht Anwendung, § 71 Abs. 2, d. h. das Amtsgericht hat die Eintragung einer Aenderung nicht zu veröffentlichen. Aenderung des Vorstandes oder erneute Bestellung eines Vorstandsmitgliedes gilt nicht als Aenderung der Verfassung, § 67, wohl aber eine Beschränkung des Umfanges der Vertretungsmacht des Vorstandes oder der Liquidatoren oder eine Bestimmung, die die Beschlußfassung des Vorstandes abweichend von § 28 Abs. 1 bezw. der Liquidatoren abweichend von § 48 Abs. 3 regeln, §§ 70, 76.

Die Verwaltungsbehörde darf nun nicht nach beliebigem Ermessen, sondern nur in den vom Gesetz vorgesehenen Fällen Einspruch erheben, nämlich dann, wenn der Verein nach öffentlichem Vereinsrecht unerlaubt ist oder verboten werden kann, oder wenn er einen politischen, socialpolitischen oder religiösen Zweck verfolgt, § 61 Abs. 2. Diese Vorschrift enthält eine derjenigen Cautelen, die der Bundesrath für unbedingt erforderlich hielt, um einer etwaigen excessiven Vereinsthätigkeit vorbeugend entgegen zu treten. Das Correlat dazu enthält § 43, der den Zweck verfolgt, dem Staate die Möglichkeit zu gewähren, Vereine, die die Rechtsfähigkeit erworben haben, aber sich im § 43 normirte, gleich näher zu erwähnende Ausschreitungen zu Schulden kommen lassen, die Rechtsfähigkeit zu entziehen. Schon der Schulze-Delitzsch'sche Entwurf sah diese Cautelen in ähnlicher Weise vor; während aber im Anfang der siebziger Jahre diese Cautelen bei der Verschiedenartigkeit des öffentlichen Vereinsrechtes der Particularstaaten nicht für ausreichend gehalten wurden, gelang es freilich nicht ohne Kämpfe in der Commission und im Plenum des Reichstages Uebereinstimmung der gesetzgeberischen Factoren in der jetzigen Normirung des § 61 Abs. 2 und § 43 zu erzielen.

7. Die unerlaubten und verbotenen Vereine.
Es handelt sich nunmehr um die Frage, was ist ein unerlaubter, verbotener Verein, was ein Verein mit politischen, socialpolitischen oder religiösen Zwecken? denn die Anfechtung des Einspruches muß dem Sinne des § 61 Abs. 2 nach darauf gestützt werden, daß die Voraussetzungen nicht vorliegen, unter denen die Verwaltungsbehörde zum Einspruch berechtigt zu sein glaubt. Es hat das Verwaltungsgericht auf erhobene Klage des Vorstandes zu entscheiden, ob der Verein als ein unerlaubter, verbotener, als ein politischer, socialpolitischer oder religiöser zu erachten ist oder nicht? Es handelt sich dabei um die Entscheidung einer Rechtsfrage, aber einer Rechtsfrage, deren Entscheidung die Würdigung der thatsächlichen Beziehungen des Vereins zum öffentlichen Leben voraussetzt. Aus diesem Grunde hielt man die Verwaltungsgerichte für geeigneter zur Entscheidung der vorliegenden Fragen als den ordentlichen Richter. „Es lasse sich sogar sagen" — heißt es Prot. II S. 1124 —, daß die Rechtsprechung durch ein Collegium, welches in seiner Mehrheit aus gewählten Mitgliedern bestehe und durch seine Zusammensetzung die Gewähr biete, daß die Entscheidung einerseits mit dem Gefühl der Verantwortlichkeit, andererseits ohne große Aengstlichkeit getroffen werde, berechtigten Erwartungen der Vereine besser entsprechen dürfte, als die Handhabung des Gesetzes durch die Richter." Auch das Verwaltungsgericht hat zwar nach dem Inhalt der Rechtsnorm seinen Spruch zu fällen, aber er ist in Unterstellung der Thatsachen unter die Rechtsnorm freier als der ordentliche Richter, in Sonderheit ist er auch bei der Beweiswürdigung an gesetzliche Beweisregeln (cf. § 259 CPO. in Vergleichung mit § 79 preuß. Ges. v. 30. VII. 83) nicht gebunden.

Was zunächst die unerlaubten oder verbotenen Vereine anbetrifft, so ergänzen die Worte „oder verboten werden kann" lediglich den Begriff „nach dem öffentlichen Vereinsrecht unerlaubt", denn es ist dieser Zusatz um deswillen aufgenommen worden, „weil die das öffentliche Vereinsrecht normirenden Gesetze keineswegs immer besagen, daß ein Verein unter gewissen Voraussetzungen unerlaubt oder verboten ist, sondern daß er verboten werden kann;*) betrachtet man

---

*) z. B. §§ 4 und 6 des bad. Ges. v. 21./XI. 67: Vereine, welche den Staatsgesetzen oder der Sittlichkeit zuwiderlaufen, welche den Staat oder die Sicherheit gefährden, können verboten werden. Das Ministerium kann aus denselben

einen Verein, der verboten werden kann als einen solchen, der erst durch die Erlassung des Verbots unerlaubt werde, so würde die Staatsregierung genöthigt sein, mit dem Verbote vorzugehen, um sich die Grundlage für den Einspruch zu beschaffen, während es nach Lage der Verhältnisse angemessen erscheinen könne, von einem Verbote Umgang zu nehmen und sich auf die Hinderung der Erlangung der Rechtsfähigkeit zu beschränken" (Prot. II S. 1124).

Ueber den Begriff „nach dem öffentlichen Vereinsrecht unerlaubt" entscheidet nicht nur das öffentliche Vereinsrecht des betreffenden Particularstaats, sondern es ist unter öffentlichem Vereinsrecht das gesammte öffentliche Reichs- und Landesrecht zu verstehen, soweit es mit dem Vereinswesen in irgend einer Berührung steht oder darauf Bezug hat; denn wenn auch das öffentliche Vereinsrecht bisher von Reichs wegen nicht geordnet ist, so finden sich doch in den Reichsgesetzen einzelne hierher gehörige Bestimmungen. So §§ 128, 129 StGB., § 17 Reichswahlges. v. 31./V. 69, § 152 GewO.

Der Schwerpunkt des öffentlichen Vereinsrechts ist freilich in der Landesgesetzgebung zu suchen. Für Preußen bestimmt § 3 ALR. II, 6, daß Gesellschaften, deren Zweck und Geschäfte der gemeinen Ruhe, Sicherheit und Ordnung zuwiderlaufen, unzulässig sind und nicht geduldet werden sollen. Diese Vorschrift ist indeß ebenso wie das die unzulässigen und verbotenen Vereine näher regelnde Edict v. 20. X. 1798 obsolet geworden durch Art. 29, 30, 38 preuß. Verfllrk.

Danach ist für Preußen die Rechtslage folgende:

Unerlaubt sind nach Art. 30 cit. Vereine zu solchen Zwecken, die den Strafgesetzen zuwiderlaufen und nach Art. 38 Vereine und Versammlungen der bewaffneten Macht, auch der Landwehr zur Berathung militärischer Einrichtungen, Befehle und Anordnungen. In ersterer Beziehung — Vereine mit Zwecken, die den Strafgesetzen zuwiderlaufen — ist hauptsächlich an die Vorschriften des StGB. z. B. § 128, 129 zu denken, doch greift auch die Landesstrafgesetzgebung, soweit § 2 EinfGes. z. StGB. eine solche zuläßt, ein. So verbietet z. B. § 3 des preuß. Ges. vom 20. IV. 54 den ländlichen Arbeitern, entgegen dem § 152 GewO. die Associationsfreiheit. Vereine ländlicher Arbeiter behufs Erlangung günstiger Lohn- und Arbeitsbedingungen ins Besondere mittels Einstellung der Arbeit sind daher in Preußen nach dem öffentlichen Vereinsrecht unerlaubt.

Bezüglich des Art. 38 preuß. VerfUrk. ist ergänzend auf § 49 Abs. 2 des Reichs=Militärges. v. 2./V. 74 hinzuweisen, wonach sogar jede Theilnahme an politischen Vereinen und Versammlungen den zum aktiven Heere gehörigen Militärpersonen untersagt ist. Weder Art. 30 noch Art. 38 trifft aber die sog. Kriegervereine d. h. Vereine ehemaliger Krieger behufs Begräbnisses ihrer Kameraden (KabO. v. 22./II. 1842, MinBl. d. inn. Verw. S. 97). Sie sind in Preußen nach dem öffentlichen Vereinsrecht nicht unerlaubt.

Nach Art. 30 Abs. 2 pr. Verf. sollte ein Gesetz in Sonderheit zur Aufrechterhaltung der öffentlichen Sicherheit (und für andere Fälle z. B. im Interesse der öffentlichen Sittlichkeit; cf. Sten. B. der II. Komm. 1849 u. 1850 Bd. II S. 632 und der I. Komm. Bd. II S. 893, 894) die Ausübung des Vereins= und Versammlungsrechtes regeln. Dabei sollten politische Vereine Beschränkungen und vorübergehenden Verboten unterworfen werden können.

Dies Gesetz ist in Gestalt der Verordnung vom 11. III. 1850 ergangen. Dasselbe hat sich aber darauf beschränkt, die Ausübung des Vereinsrechts für nicht verbotene Verbindungen zu regeln. (Rönne, Staatsr. der pr. Monarchie IV. Aufl. Bd. II § 145 S. 188 Anm.) Wir können für nicht erlaubte oder verbotene Vereine aus ihm nichts entnehmen und es muß daher das Ergebniß der Untersuchung dahin zusammengefaßt werden, daß in Preußen ein Verein lediglich nach Art. 30 und 38 VerfUrk. für unerlaubt und zwar dann anzusehen ist, wenn seine Zwecke den Strafgesetzen zuwiderlaufen oder wenn es sich um Vereine der bewaffneten Macht einschließlich der Landwehr dreht behufs Berathung über militärische Angelegenheiten.

Nach der pr. Verord. v. 11./III. 1850 gehören die politischen Vereine, die die zu socialpolitischen und religiösen Zwecken unter sich begreifen, zu den erlaubten Vereinen. Die gleiche Abgrenzung läßt sich auch aus § 61 Abs. 2 BGB. herauslesen: Es werden die nach öffentlichem Vereinsrecht unerlaubten oder verbotenen Vereine denen mit politischen, socialpolitischen oder religiösen Zwecken gegenübergestellt, woraus zu folgern, daß letztere zu den ersteren im Sinne des BGB. nicht zu zählen und deshalb für eine ihren Zwecken nach besondere Kategorie der erlaubten Vereine zu erachten sind.

Die politischen Vereine.

Ist nunmehr, zu den Begriffen politischer, socialpolitischer oder religiöser Vereine überzugehen, so erhellt zunächst auf Grund der particularen, in Sonderheit der preußischen Gesetzgebung über das öffentliche Vereinsrecht, daß die Begriffe socialpolitischer und religiöser Verein als in dem Begriff politischer Verein enthalten, angesehen werden. Das BGB. stellt die drei Begriffe als gleichwerthig nebeneinander; es wird sich fragen, ob daraus auf eine von der bisherigen begrifflichen Auffassung abweichende Gestaltung zu schließen ist oder nicht. Dieser Frage läßt sich aber erst näher treten, nachdem festgestellt worden, was denn unter einem politischen Verein zu verstehen ist.

Der im § 61 Abs. 2 (und § 43) aufgestellte Begriff des politischen Vereins ist als einheitlicher, das gesammte Geltungsgebiet des BGB. umfassender gedacht. Da das Gesetz ihn selbst nicht definirt, müßte er durch wissenschaftliche Abstraction gefunden werden. Es ist nun der Begriff in den meisten particularen Gesetzgebungen gesetzlich festgelegt: Das preuß. Vereinsges. v. 11. III. 1850 unterscheidet in § 2 und 8 Vereine, welche bezwecken, politische Gegenstände in Versammlungen zu erörtern und solche, welche eine Einwirkung auf öffentliche Angelegenheiten bezwecken, während Art. 14 des bayr. Ges. v. 26. II. 1850 in Uebereinstimmung mit § 18 des sächs. Ges. v. 22./XI. 1850 einen Verein schon dann für einen politischen ansehen, wenn sein Zweck sich auf öffentliche Angelegenheiten bezieht. Jede dieser Normirungen hat ihrer gesetzlichen Festlegung entsprechende Auslegung in der Rechtsprechung der 3 Staaten gefunden. Wie verhalten sich nun jene Begriffsbestimmungen der particularen Gesetze zu der Rechtsfigur der Vereine mit politischen Zwecken im Sinne des BGB.? Ist diese ein höherer jene mit umfassender Begriff oder deckt er sich mit einer der particularrechtlichen Definitionen? Wenn letzteres der Fall, welche derselben trifft das Richtige? Bei der Unbestimmtheit des zur Abgrenzung gestellten Begriffes läßt der Weg wissenschaftlicher Abstraction keinerlei Aussicht auf Erfolg versprechen. Wie die Particulargesetzgebung sich nicht gescheut hat, trotz der großen Gefahren von Mißgriffen den Begriff gesetzlich zu umgrenzen und die Rechtsprechung ohne große Schwierigkeit es verstanden hat, diesem Begriff den Einzelfall zu subsumiren, so wird auch das Reich sich nicht scheuen dürfen, den gleichen Weg im Gesetz über das öffentliche Vereinsrecht zu betreten. Bis zu dieser reichsgesetzlichen Regelung wird aber eine Incongruenz in der Auffassung des politischen Vereins in den einzelnen Staaten des Reichs nicht zu vermeiden sein.

Denn, da — soweit in den Bundesstaaten eine geordnete Verwaltungsrechtsprechung besteht — dieselben Behörden, die Verwaltungsgerichte, über die Frage, was im Sinne des BGB. ein politischer

Verein ist, zu entscheiden haben, welchen die Befindung über denselben Begriff nach Maßgabe des für diesen Staat geltenden öffentlichen Vereinsrechts zusteht, so erhellt, daß bei Ermangelung einer reichsrechtlichen Definition diese Behörden auch dem BGB. denjenigen Begriff unterlegen werden, der ihrem Landesrecht entspricht.

Das gilt in Sonderheit für Preußen. Es drängt sich dieser Ausweg bei der geschaffenen Lage nicht nur geradezu auf, sondern er verdient auch den Vorzug vor dem andernfalls einzuschlagenden Weg, einer an keine gesetzliche Schranken gebundenen und seiner Natur nach völlig unbestimmten Rechtsnorm — denn als solche stellt sich die rechtliche Auffassung des Vereins mit politischen Zwecken dar — die thatsächlichen Verhältnisse unterstellen zu müssen. Das durch letzteres Verfahren nothwendig gegebene Schwanken der Rechtsprechung wäre unliebsamer und würde ungereimtere Consequenzen zeitigen, als das Betreten des ersten Ausweges.

Auf Grund des § 8 des preuß. Ges. v. 11.,III. 1850 versteht die Rechtsprechung (Entsch. d. RG. in Straff. Bd. 16 S. 119) unter politischen Gegenständen alle Angelegenheiten, die Verfassung, Verwaltung, Gesetzgebung des Staats, die staatsbürgerlichen Rechte der Unterthanen und die internationalen Beziehungen untereinander in sich begreifen, die Organe und Functionen des Staats in Bewegung setzen (eod. Bd. 22 S. 340), also nicht blos Gegenstände der Staatsweisheitslehre oder Politik im engeren Sinne, sondern alles, was unter den Begriff der Staatswissenschaft im weiteren Sinne zu submiren ist, wie Fragen der Nationalökonomie und der Sozialpolitik (Joh. Entsch. d. Kammerg. Bd. VIII S. 215). Vereine, die bezwecken, d. h. in deren Absicht der Satzung nach es liegt, politische Fragen zu erörtern, gelten als politische Vereine. Dieser Begriff ist indeß im Sinne des Ges. v. 11./III. 1850 bereits ein potenzirter, insofern als das Gesetz für Vereine dieser Art eine Reihe besonderer Beschränkungen aufstellt. Den allgemeinen Begriff des politischen Vereins giebt § 2: ein Verein, welcher eine Einwirkung auf öffentliche Angelegenheiten bezweckt. Auch hier ist also lediglich die aus der Satzung zu entnehmende Absicht des Vereines, sein Zweck entscheidend; doch kann für die Beurtheilung dieser Absicht die Persönlichkeit der Gründer, des Vorstandes sowie andere den eigentlichen Zweck der Vereinssatzung klarzustellen geeignete Umstände verwerthet werden, Oppenh. Rechtspr. b. Ob.Trib. Bd. 16 S. 719. Es reicht aber nicht hin, daß der Vereinszweck auf Erörterung und Berathung öffentlicher Angelegenheiten gerichtet ist, sondern es muß eine Einwirkung auf öffentliche Angelegenheiten beabsichtigt sein. Diese Einwirkung kann sowohl durch Erörterung und Berathung öffentlicher Angelegenheiten als auch in anderer Weise, z. B. durch Verbreitung von Druckschriften, erfolgen. (Goltd. Arch. Bd. 26 S. 579 und Oppenhof, Rechtsprechung des ObTrib. Bd. 19 S. 552.

Oeffentliche Angelegenheiten aber umfassen alle Angelegenheiten, die nicht ausschließlich einzelne physische oder juristische Personen und deren Privatinteresse, sondern im Gegensatz hierzu die Gesammtheit des Gemeinwesens und das gesammte öffentliche Interesse berühren, E. d. RG. im Straff. Bd. 22 S. 339. Oeffentliche Angelegenheiten brauchen keine politischen zu sein, wenn sie sich nämlich ausschließlich auf dem Gebiete der Wissenschaft, Kunst, Technik ꝛc. bewegen.

Dieser weitere Begriff der politischen Vereine nähert sich mehr als der des § 8 der Auffassung des sächsischen und baierischen Vereinsgesetzes, das nur eine Beziehung auf öffentliche Angelegenheiten verlangt, während nach § 2 preuß. Ges. eine Einwirkung auf öffentliche Angelegenheiten bezweckt, beabsichtigt sein muß.

Die beiden Begriffe des politischen Vereins, wie sie aus §§ 2 und 8 des preuß. Ges. zu entnehmen, sind keine Gegensätze; der aus § 2 ist weiter als der aus § 8. Die politischen Angelegenheiten werden immer auch öffentliche Angelegenheiten darstellen; der Verein des § 2 soll ferner eine Einwirkung auf öffentliche Angelegenheiten, der des § 8 nur eine Erörterung politischer Fragen bezwecken.

Im Sinne des preuß. Vereinsgesetzes sind religiöse und social-politische Vereine für politische zu erachten, nämlich erstere deshalb, weil die Religion als eine wesentliche Grundlage der ganzen socialen und staatlichen Ordnung betrachtet werden muß (Oppenhof, Rechtspr. Bd. 17 S. 15) und deshalb religiöse auch stets öffentliche Angelegenheiten sind und letztere dann, wenn ihre Ziele sich nicht auf die Aufbesserung der ökonomischen Verhältnisse, die sociale Lage Einzelner beschränken, sondern die Gesammtheit, das öffentliche Interesse durch Hinausgreifen über das Gebiet der Einzel-Interessen berühren, sie also eine Einwirkung auf öffentliche Angelegenheiten bezwecken (§ 2 des Ges.) oder wenn ihr auf der Hebung der Lage Einzelner beruhender Zweck diese Schranke durch Verfolgung allgemeiner Ziele durchbricht, in das staatliche Gebiet, in die Interessen und Aufgaben des Staates hinübergreift, unmittelbar den Staat, seine Gesetzgebung und Verwaltung berührt (cit. Entsch. Bd. 22 S. 340), also der Erörterung politischer Angelegenheiten dient (§ 8 des Ges.).

9. Die Vereine mit social-politischen Zwecken.

Nach § 62 Abs. 2 bzw. § 43 sind Vereine mit politischem, social-politischem und religiösem Zweck nebeneinandergestellt und man könnte daraus folgern, daß es — abweichend von der preuß. Rechtsgestaltung — sich um 3 selbstständig nebeneinanderstehende Begriffe dreht. Das ist aber nicht zutreffend.

Was zunächst den Begriff socialpolitischer Verein betrifft, so fehlte er im Schulze-Delitzsch'schen Entwurf und wurde erst auf Grund eines in der zweiten Commission des BGB. gestellten Antrages eingefügt: „Die Erwähnung der socialpolitischen Zwecke neben den politischen sei eine vielleicht nicht nothwendige, aber nach den Verhältnissen der Gegenwart zweckmäßige Erläuterung der Bestimmung", Prot. II S. 1126. Man hat also nicht daran gedacht, beide Begriffe als gleichwerthig nebeneinanderzustellen, sondern wollte den Ausdruck „mit politischen Zwecken" durch den Zusatz nur verdeutlichen. Zu dem Schluß, daß unter socialpolitischem Verein nicht ein zum politischen Verein Gegensätzliches, sondern nur ein den politischen Verein erklärender Begriff gemeint ist, zwingt auch die Wortauslegung; denn sie besagt, daß ein social-politischer Zweck, also immerhin ein politischer Zweck verfolgt werden muß, der seine Abgrenzung durch den Zusatz „social" findet. Unter social ist aber alles zu verstehen, was auf die „sociale", die „öconomische" Lage, auf die wirthschaftlichen Verhältnisse einzelner Berufsstände oder Bevölkerungsklassen sich bezieht. Der Ausdruck „socialpolitisch" läßt sich daher nicht aus sich selbst erklären; seine Erklärung hängt von derjenigen Auffassung ab, die dem politischen Zweck zu geben ist. Erst nach Klarstellung dieses Begriffes läßt sich ermessen, inwieweit der Zusatz „social" eine Beschränkung des Ausdruckes „politisch" darstellt.

Da davon ausgegangen worden, daß die Rechtsfigur des politischen Vereins sich nicht anders als auf Grund des in den einzelnen Bundesstaaten geltenden öffentlichen Vereinsrechts gestalten läßt, so folgt für das Gebiet des preuß. Rechts, daß der Begriff „socialpolitisch" nicht anders als oben angegeben bestimmt werden kann. Mag man den socialpolitischen Verein, wie es das preuß. Gesetz v. 11./III. 1850 thut, als eine Unterart des politischen Vereins ansehen oder mag man wegen der im BGB. erfolgten Nebeneinanderstellung des politischen Vereins neben dem socialpolitischen letzteren als gleichwerthig jenem zugesellen wollen, so ändert dies am Inhalt und Wesen des socialpolitischen Vereins nichts; nur wäre, wenn letzterer Auffassung der Vorzug zu geben, der Begriff „politischer Verein" soweit zu beschränken, wie der Begriff „socialpolitischer Verein" reicht. Das ist aber offenbar etwas ganz Aeußerliches, Formalistisches und berührt die begriffliche Bedeutung der beiden Rechtsfiguren nicht.

Beachtet man, daß § 152 GewO. den Fabrik= und Bergarbeitern die öconomische Associationsfreiheit gewährt, so ist der Verein so lange kein socialpolitischer, als es sich um die concreten Vertragsverhältnisse der Mitglieder eines Vereins dreht; wird aber das Gebiet dieser concreten Interessen verlassen, läuft die Vereinsbestrebung auf Aufbesserung der wirthschaftlichen Verhältnisse, Aufbesserung der Löhne in abstracto hinaus, befaßt man sich mit der sozialpolitischen Gesetzgebung Deutschlands und den sich daran schließenden Fragen des Arbeiterschutzes, Normalarbeitertages, der Sonntagsruhe, der Frauen= und Kinderarbeit, so wandelt sich der Zweck des Vereins in einen socialpolitischen um (Rechtspr. des RG. in Strass. Bd. 9 S. 590).

Das gilt in Sonderheit auch von den Fach= und Berufsvereinen der Tischler, Maurer, Zimmerer rc., mögen sie Staatszuschüsse empfangen haben oder nicht. Letzterer Umstand ist für die begriffliche Auffassung ganz unwesentlich. Das Gleiche gilt für landwirthschaftliche Vereine. Beschäftigen sie sich lediglich mit Fragen der Verbesserung der Landwirthschaft, der Belehrung über geeignete Nutzung des Bodens, so liegen socialpolitische Vereine nicht vor. Sie erhalten aber diesen Charakter, sobald sie eine Einwirkung auf öffentliche Angelegenheiten, sei es Aenderung der Handelsverträge, sei es der Gesetzgebung z. B. bez. der Währung bezwecken (Bund der Landwirthe!).

Was die religiösen Vereine anbetrifft, so ist zunächst auf Art. 84 EinfGes. zu verweisen, wonach die landesgesetzlichen Vorschriften unberührt bleiben, nach welchen eine Religionsgesellschaft oder eine geistliche Gesellschaft Rechtsfähigkeit nur im Wege der Gesetzgebung erlangen kann. Da Art. 84 Art. 13 preuß. Verf. schützt, so fragt es sich, ob die Religionsgesellschaften oder geistlichen Gesellschaften des Art. 84 bzw. 13 cit. den Begriff der Vereine mit religiösen Zwecken erschöpfen oder nicht?

Nach § 11 ALR. II, 11 werden Religionsgesellschaften, die sich zur öffentlichen Feier des Gottesdienstes verbunden haben, Kirchengesellschaften genannt, während nach §§ 12, 939 eod. Religionsgesellschaften, die zu gewissen anderen besonderen Religionsübungen vereinigt sind bzw. deren Mitglieder mit anderen Religionsübungen als der Seelsorge hauptsächlich sich beschäftigen, den Namen geistliche Gesellschaften führen. Zu letzteren zählen die katholischen Domstifte und Capitel, die Collegiatstifte, die Klostergesellschaften, Ritterorden rc. (Abschn. 13—20 tit. II. 11). Bei den Kirchengesellschaften sind solche

10. Die Vereine mit religiösen Zwecken.

mit Corporationsrechten (die christlichen Kirchen, die separirten Alt-
lutheraner, die Herrnhuter und böhmischen Brüder, die jüdischen
Synagogengemeinden, die Baptisten und Mennoniten) und solche ohne
Corporationsrechte (Irvingianer, Dissidenten und andere Secten) zu
unterscheiden. Art. 84 EinfGes. bzw. Art 13 preuß. Verf. trifft sonach nur die
recipirten und geduldeten Kirchengesellschaften (§§ 17 und 20 II, 11 ALR.)
und die vom Staate aufgenommenen Stifter, Klöster und Orden. Damit
ist der Begriff der religiösen Vereine keineswegs erschöpft. Legt man
demselben die für das preuß. Ges. v. 11./III. 1850 durch Rechtsprechung (Entsch. d. OTrib. Bd. 76 S. 398 und 25 S. 355) und
Verwaltungspraxis (Circ. Reser. d. Min. d. Inn. v. 1. VIII. 1850,
MBl. d. inn. Verw. S. 204) herausgebildete Auffassung zu Grunde,
so ist davon auszugehen, daß religiöse Vereine stets eine Einwirkung
auf öffentliche Angelegenheiten bezwecken, weil die Religion eine wesentliche Grundlage der ganzen socialen und staatlichen Ordnung ist und
sie daher die Gesammtheit des Gemeinwesens, das gesammte öffentliche
Interesse, nicht aber Privatinteressen einzelner physischer oder juristischen
Personen berühren. Unter diesen weiten Begriff des religiösen Vereins
fallen nicht nur die genannten Kirchengesellschaften, die Stifter, Klöster
und Orden, sondern **alle Bekenntnißzwecken im Sinne der
Befriedigung des religiösen Bedürfnisses, der Förderung der religiösen Entwicklung und des religiösen
Interesses dienenden Vereine**, wie der sog. „Gertrudisverein"
(Dotation einer Frühmesse an einer bestimmten Kirche; Oppenh., Rechtspr.
d. OTrib. Bd. XVII. S. 476). Dahin wären, wenn dem Begriffe
religiöser Verein diese aus dem öffentlichen Vereinsrecht entnommene
Auffassung unterzulegen wäre, auch Vereine wie der evangelische Jüng-
lingsverein, die katholischen Jungfrauenvereine, der Protestantenverein,
die Bibelgesellschaft, die Missionsgesellschaften zu rechnen, denn sie alle
dienen Bekenntnißzwecken in dem oben gedachten Sinne.

 Ebenso wie § 62 Abs. 2 und § 43 BGB. unter dem politischen
Verein einen einheitlichen für ganz Deutschland geltenden Begriff und
nicht einen aus dem öffentlichen Vereinsrecht eines Bundesstaats ent-
nommenen Begriff sieht, so gilt das Gleiche auch von dem religiösen
Verein. Indeß dürfte der Satz, daß die Religion, die Bekenntnißlehre
nicht allein die Sonderinteressen der Einzelnen, sondern die Interessen
der Gesammtheit berühren, nach dem öffentlichen Recht auch aller anderen
deutschen Bundesstaaten zutreffen. Nimmt man dies an, so ist der Begriff des Vereins mit religiösen Zwecken einerseits von der Auffassung

des Vereins mit politischen Zwecken abhängig, andererseits der aus dem preußischen Vereinsgesetz entnommene Versuch der Umgrenzung des ersten Begriffes nicht nur für Preußen, sondern auch für die anderen Bundesstaaten brauchbar. Wollte man annehmen, daß die Afficirung des öffentlichen Interesses nicht zum Wesen des Vereins mit religiösen Zwecken gehört, so würden z. B. Vereine zur Bescheerung jüdischer Kinder, zur Unterstützung von Handwerkern jüdischer Confession, also reine Wohlthätigkeitsvereine, deren Zweck nur durch Beschränkung auf Mitglieder einer bestimmten Bekenntnißlehre bestimmt ist, unter denselben fallen. Sie dienen weder der religiösen Entwicklung noch der Förderung des religiösen Interesses und berühren daher die Gesammtheit des Gemeinwesens, das öffentliche Interesse nicht. Es fehlt daher dem Staat an einer Veranlassung zur besonderen Aufsicht und Beschäftigung mit ihnen.

Freilich wird bei den religiösen Vereinen das öffentliche Interesse nur mittelbar afficirt; von einer directen Einflußnahme, einer directen Einwirkung auf die öffentlichen Angelegenheiten kann durch die Vereinigungen zur Befriedigung des religiösen Bedürfnisses, zur Ausbreitung und Entwicklung einzelner Bekenntnisse nicht die Rede sein. Der Staat nimmt nur Interesse an solchen Vereinigungen, weil die Religion als eine wesentliche Grundlage aller staatlichen Ordnung betrachtet werden muß. Deshalb ist es sehr wohl denkbar, daß ein Verein mit religiösen Zwecken neben diesen auch rein politische Zwecke verfolgen kann, wie dies ja auch bei jedem anderen Verein mit idealen Zwecken möglich ist. So ist denn auch vom „Verein vom heiligen Karl Borromäus" angenommen worden, daß er politische Zwecke verfolge, weil er eine Reihe von Schriften und Broschüren über das Verhältniß von Staat und Kirche und über die diese Frage betreffende Gesetzgebung veröffentlicht hatte (Goltd. Arch. Bd. 23 S. 470).

Demnach wird sich mit dem 1. Januar 1900 folgende Rechtslage für Preußen ergeben:

a) Religiöse Vereine, soweit sie zu den recipirten und geduldeten Kirchengesellschaften oder zu den Stiftern, Orden und Klostergesellschaften (den sog. geistlichen Gesellschaften) gehören, erlangen Rechtsfähigkeit lediglich im Wege der Gesetzgebung. Im Uebrigen unterliegen sie namentlich bez. Verfassung und Aufhören der Rechtsfähigkeit den Vorschriften des BGB.

b) Religiöse Vereine, soweit sie nicht zu den Religionsgesellschaften (Kirchengesellschaften und geistlichen Gesellschaften) gehören, aber doch Bekenntnißzwecken im Sinne der Befriedigung des religiösen Bedürfnisses, der Förderung der religiösen Entwicklung und des religiösen

Interesses dienen, unterstehen in jeder Beziehung, also auch bez. des Erwerbes der Rechtsfähigkeit den vereinsrechtlichen Normen des BGB., in Sonderheit findet auf sie § 62 Abs. 2 und § 43 Anwendung.

c) Vereine, die die Förderung der Bekenntnißlehre oder die Befriedigung religiösen Bedürfnisses nicht bezwecken, sind zwar unter die erlaubten Vereine, doch nicht unter die Vereine mit religiösen Zwecken zu rechnen. § 62 Abs. 2 bleibt für sie daher außer Geltung; wohl aber trifft sie § 43 Abs. 1—3. Dahin zählen Vereine zur Kindererziehung, Kinderbescheerung, zur Unterstützung von Gewerbetreibenden mit Beschränkung auf Mitglieder einer bestimmten Confession.

11. Das Erlöschen der Rechtsfähigkeit eines Vereins. Nachdem so der Begriff des erlaubten und unerlaubten Vereins und innerhalb des erlaubten Vereins die Rechtsfiguren des politischen, socialpolitischen und religiösen Vereins zu erläutern versucht worden sind, ist die Frage erschöpft, wie ein Verein durch Eintragung Rechtsfähigkeit erlangt. Wir können zu der anderen Frage übergehen, wie er diese Rechtsfähigkeit wieder einbüßt und wie es in diesem Falle mit dem Vereinsvermögen zu halten ist. Es ist schon erwähnt, daß die diesbezüglichen Vorschriften des BGB. (§§ 41—53) sowohl auf die eingetragenen wie auf die auf Verleihung beruhenden Vereine gleichmäßig Anwendung leiden; jedoch sind für den eingetragenen Verein zwei Sondervorschriften in den § 73 und § 74 Abs. 3 gegeben.

Das Aufhören der Rechtsfähigkeit kann eintreten:

1. durch Auflösung:

a) freiwillige: durch Beschluß der Mitgliederversammlung oder auf Grund der Satzung, z. B. durch Ablauf der in derselben bestimmten Zeit, § 41;

b) unfreiwillige: auf Grund des öffentlichen Vereinsrechts, nur vorgesehen für den eingetragenen Verein im § 74 Abs. 3. Nach §§ 8 bezw. 16 des preuß. Ges. v. 11./III. 1850 erfolgt die Auflösung, Schließung des Vereins in diesem Fall durch den Strafrichter, cf. Rechtspr. d. RG. in Straff. Bd. IX Bl. 143.

2. Verlust der Rechtsfähigkeit: im Falle der Eröffnung des Konkurses § 42 Abs. 1.

3. Entziehung der Rechtsfähigkeit. Sie erfolgt

a) beim eingetragenen Vereinen durch den Registerrichter, wenn die Zahl der Vereinsmitglieder unter 3 herabsinkt, durch einen mit der sofortigen Beschwerde anfechtbaren Beschluß, § 73;

b) bei beiden Arten von Vereinen durch eine Entscheidung der zuständigen Verwaltungsbehörde, gegen welche Entscheidung — wie im

§ 61 Abs. 2 — Klage im Verwaltungsstreitverfahren bezw. Rekurs nach §§ 20, 21 GewO. gegeben ist, in den Fällen des § 43. § 43 stellt das Correlat zu § 61 Abs. 2 vor. Während letzterer für die eingetragenen Vereine — für die concessionirten Vereine ergiebt sich die Wahrung der im § 61 Abs. 2 gegebenen Bedingungen aus sich selbst; denn die mit der Verleihung betraute Behörde wird die Concession einem unerlaubten Verein nicht ertheilen, politische, socialpolitische und religiöse Zwecke kommen aber bei dem auf wirthschaftlichen Erwerb gerichteten Verein des § 22 nicht, sondern nur bei dem in den Consular- und Schutzbezirken errichteten, ideale Zwecke verfolgenden Verein des § 23 in Betracht. Dem in diesem Fall zur Verleihung der Rechtsfähigkeit zuständigen Bundesrath wird aber umsoweniger die Befugniß, einem solchen politische, socialpolitische, religiöse Zwecke verfolgenden Verein die Rechtsfähigkeit zu verweigern, abzusprechen sein, als gegen seine Entscheidung irgendwelcher Rechtsbehelf nicht gegeben ist — zu verhindern bestrebt ist, daß unerlaubte und staatsgefährliche Tendenzen verfolgende Vereine Korporationsrechte erlangen, gewährt § 43 die Handhabe, Vereine, bei denen derartige Tendenzen später hervortreten, die Rechtsfähigkeit zu entziehen und stellt eine jener Cautelen dar, ohne die der Bundesrath die jetzige Gestaltung des Vereinsrechts wegen der damit gegebenen Gefahren einer excessiven Vereinsthätigkeit nicht glaubt zulassen zu können.

Nach § 43 kann die Rechtsfähigkeit entzogen werden

α) dem concessionirten oder eingetragenen Verein, wenn er durch einen gesetzwidrigen Beschluß der Mitglieder-Versammlung oder durch gesetzwidriges Verhalten des Vorstandes das Gemeinwohl gefährdet;

β) einem Verein mit einem immateriellen, idealen Hauptzweck, wenn er einen auf einen wirthschaftlichen Betrieb gerichteten Hauptzweck verfolgt;

γ) einem concessionirten oder eingetragenen Verein, der nach der Satzung einen politischen, socialpolitischen oder religiösen Zweck nicht hat, wenn er einen solchen Zweck verfolgt;

δ) endlich dem concessionirten Verein allein, wenn er einen anderen als den satzungsgemäßen Zweck verfolgt.

Mit dem Erlöschen der Rechtsfähigkeit verschwindet der Verein nicht ohne Weiteres vom Erdboden; denn vorhanden bleibt trotzdem die Personen-Vereinigung sowohl wie das Vereinsvermögen. Der Verein gilt daher bis zur Realisirung, Versilberung des Vermögens als fortbestehend, § 49 Abs. 2. An Stelle des satzungsgemäßen Zweckes tritt der Realisationszweck. Nur soweit dieser Zweck reicht, bleibt die Personenvereinigung

existent und behalten die Vereins-Organe (Vorstand, Mitglieder-Versammlung) ihre Befugnisse. Es ist aber zu unterscheiden zwischen
a) **Verlust** der Rechtsfähigkeit durch Eröffnung des Konkurses. In diesem Fall ist die Gestaltung dieselbe, wie wenn eine natürliche Person in Konkurs geräth: das Realisationsgeschäft wird vom Konkursverwalter besorgt.
b) **Auflösung** und **Entziehung** der Rechtsfähigkeit. Das Realisationsgeschäft wird vom Vorstande oder von Liquidatoren besorgt, die die Befugnisse des Vorstandes haben, § 48 Abs. 1 u. 2; doch gilt bei mehreren Liquidatoren nicht das Majoritäts-, sondern das collectivistische Princip, § 48 Abs. 3, b. h. ihre Beschlüsse erfordern, falls nicht die Satzung etwas Anderes bestimmt, Uebereinstimmung Aller.

Die Liquidatoren dürfen das nach Bezahlung der Schulden, Einziehung der Außenstände des Vereins übrig bleibende Vermögen nicht vor Ablauf des sog. Sperrjahres an die Anfallberechtigten abführen (§ 51) bei Vermeidung persönlicher Haftung den geschädigten Gläubigern gegenüber (§ 53). Sie haben bei Vermeidung gleicher Haftbarkeit die Auflösung und Entziehung der Rechtsfähigkeit öffentlich bekannt zu machen und die Gläubiger zur Anmeldung ihrer Ansprüche aufzufordern, § 50.

Der Rechtsgrundsatz zu b) erleidet dann eine Ausnahme, wenn nach § 45 das Vereinsvermögen an den Fiscus fällt. In diesem Fall ist Liquidation ausgeschlossen, weil der Fiscus wie ein gesetzlicher Erbe angesehen wird und deshalb das Vereinsvermögen auf ihn unmittelbar und kraft Gesetzes (§ 1922) mit Ausschluß der Ausschlagung (§ 1942 Abs. 2) übergeht. Er soll das Vermögen thunlichst in einer den Zwecken des Vereins entsprechenden Weise verwenden, § 46.

Dieses Recht des Fiscus stellt einen Theil der Vorschriften dar, die bez. der Anfallberechtigung des Vereinsvermögens im Falle der **Auflösung** und **Entziehung** der Rechtsfähigkeit nach Maßgabe der §§ 45, 46 zur Anwendung zu kommen haben: danach ist zunächst zu prüfen, ob die Satzung (oder eine spätere Abänderung derselben) entweder die anfallberechtigte Person bestimmt oder ob in ihr einem Vereins-Organ (Vorstand, Mitglieder-Versammlung) die Bestimmung derselben überlassen ist. Es ist das Vereinsvermögen nach Realisation und Liquidation an die anfallberechtigte Person herauszugeben, § 45 Abs. 1 u. Abs. 2 Satz 1. Enthält die Satzung keine derartige Vorschrift, so ist zu unterscheiden:

1. Der Verein dient nach der Satzung ausschließlich den Interessen seiner Mitglieder — das wird bei einem Erwerbsverein immer, es kann,

braucht aber nicht bei einem Verein mit idealen Tendenzen der Fall zu sein —, so fällt das Vereinsvermögen an die zur Zeit des Erlöschens der Rechtsfähigkeit vorhandenen Mitglieder nach Kopftheilen, § 45 Abs. 3. Das dürfte nach der Satzung bei allen geselligen Clubs, Casinos ꝛc. gegeben sein, während wohlthätige, wissenschaftliche Vereinigungen ausschließlich den Interessen ihrer Mitglieder nicht zu dienen pflegen.

2. Trifft das Kriterium — daß der Verein satzungsgemäß ausschließlich den Interessen seiner Mitglieder dient — nicht zu, so tritt Anfall an den Fiscus bezw. nach Art. 85 EinfGes. an seiner Statt an eine Körperschaft, Stiftung oder Anstalt des öffentlichen Rechts ein.

Eine Ausnahme von diesen Rechtsgrundsätzen ist nur bei einem idealen Zwecken dienenden Verein zugelassen. Er ist befugt, auch ohne jeden Vorbehalt der Satzung durch mit einfacher Mehrheit zu fassenden Beschluß der General=Versammlung den Anfallberechtigten zu bestimmen; jedoch sind Schranken in der Wahl des Anfallberechtigten gesetzt. Es darf nur Anfall an eine öffentliche Anstalt oder Stiftung, nicht an andere juristische oder physische Personen beschlossen werden, § 45 Abs. 2 Satz 2.

II. Stiftungen.

1. Allgemeines.

Die Stiftung ist als universitas bonorum dem Personenvereine, der universitas personarum gegenüberzustellen. Sie hat sich aus den piae causae des römischen Rechts entwickelt. Bis auf Savigny (System Bd. II S. 257 u. 275) hat man den Stiftungsbegriff von dem der Corporation nicht zu scheiden vermocht. Im preuß. ALR. weist man nur den piae causae im Tit. II, 19 und den Familienstiftungen im Tit. II, 4 eine besondere Stellung an, Stiftungen zu anderen gemeinnützigen Zwecken gehen in die Corporationen des Tit. II, 6 auf. Dabei sind nur den piae causae die jura minorum (oder wie das ALR. sich ausdrückt: die Rechte der Kirchengüter, § 43 II, 19) beigelegt. Sie haben die Rechte juristischer (in der Sprechweise des ALR. moralischer) Personen, § 42 II, 19.

Erst seitdem man die Rechtsfiguren der Stiftung und der Corporation als besonders geartete erkannt hatte, beginnt man sich mit Begriff und Wesen, Entstehung und Beendigung der Stiftung, auch ihrer Abgrenzung von den sonstigen juristischen Personen zu befassen. Diese Abgrenzung ist bisher allerdings, zumal auf dem Gebiete des öffentlichen Rechts, so wenig gelungen, daß das BGB. (§ 89) und das EinfGes. (cf. Art. 100, 101, 103, 138) neben den Körperschaften und Stiftungen noch die Anstalten des öffentlichen Rechts erwähnt, „weil sich nicht selten Zweifel darüber erheben, ob eine solche Anstalt den Körperschaften oder Stiftungen zuzurechnen ist" (Denkschrift S. 19). Flüssig ist auch die Grenze zwischen Stiftungen des öffentlichen und des privaten Rechts. Entscheidend ist nicht immer die Frage, ob sie auf einem Privatrechts= geschäfte beruhen.*) Sind sie durch einen Staatsakt ins Leben gerufen, so ist freilich ihr öffentlicher Charakter außer Frage.*)

Die §§ 80—88 BGB. behandeln nur die Stiftungen des privaten Rechts. Für die des öffentlichen Rechts bleibt das Landesrecht in Kraft; jedoch erklärt § 89 die §§ 31 und 42 Abf. 2 auch auf sie für anwendbar.

§§ 80—88 regeln nur die selbstständige Stiftung, d. h. die= jenige Stiftung, bei der durch den Creationsakt ein Rechtssubject ins Leben gerufen und zugleich mit Vermögen begabt wird, nicht die sog. unselbstständige oder fiduciarische Stiftung, bei der eine bereits bestehende Stiftung oder andere juristische Person entweder zu dem von ihr satzungsgemäß verfolgten oder zu einem diesem näher oder ferner liegenden Zweck Vermögen unter Lebenden oder von Todeswegen zu= gewendet wird. Diese unselbstständige Stiftung hat das BGB. einer Regelung nicht unterworfen. Nur über den Vermögensübergang bei der unselbstständigen Stiftung von Todeswegen, wofern die Zuwendung den Werth von 50 000 M. übersteigt, hat Art. 86 EinfGes. eine Sonder= vorschrift gegeben.**)

Die §§ 80—88 regeln sämmtliche selbstständige Stiftungen des privaten Rechts ohne Ausnahme. Die Sonderbestimmungen, die das ALR. für Familienstiftungen im Tit. II, 4 und für piae causae (Armen= anstalten und andere milde Stiftungen) im Tit. II, 19 aufstellt, haben daher, für letztere wenigstens, soweit sie dem Privatrecht angehören, mit dem 1. Januar 1900 keine Existenzberechtigung mehr.***)

Von den §§ 80—88 beziehen sich die §§ 80—84 auf die Ent= stehung der Stiftung, §§ 85 und 86 auf die Verfassung, § 87 auf die Aufhebung der Stiftung und § 88 verhält sich darüber, was nach Auf=

---

*) cf. Riedel, BGB. § 16 S. 62 und 63.
**) Näheres über die fiduciarische Stiftung, auch über die Frage, wieweit Art. 86 EinfGes. das preuß. Ges. v. 23. II. 1870 betr. Schenkungen und letztw. Zuwendungen an Korp. u. and. jur. Pers. unberührt gelassen hat, cf. Riedel, BGB. § 34.
***) Das gilt natürlich nur, soweit das BGB. das Institut einer Regelung unterwirft, d. h. also bez. Erwerb und Verlust der Rechtsfähigkeit (§§ 80—84, 87) und bez. der Vorstandschaft (§§ 85 und 86). Abgesehen von den Befugnissen des Vorstandes bleibt für die Verfassung der Stiftung das particulare Recht in Kraft, § 85.

hebung mit dem Stiftungsvermögen werden solle. Von den die Entstehung betreffenden §§ 80—84 behandelt § 80 die Staatsgenehmigung, § 81 die Form des Stiftungsgeschäfts und die Widerruflichkeit der Stiftung unter Lebenden, §§ 82 und 84 handeln von dem Uebergang des Stiftungsvermögens auf die Stiftung und zwar § 82 bei der Stiftung unter Lebenden, § 84 bei der von Todeswegen, § 83 endlich enthält eine reglementarische Vorschrift für dieselbe Stiftungsart, daß nämlich, wenn die Erben oder der Testamentsvollstrecker die nach § 80 erforderliche Staatsgenehmigung nicht einholen, das Nachlaßgericht dazu verpflichtet ist. Ueber den Charakter des Stiftungsgeschäfts enthält sich das BGB. jeder Andeutung.

Die meisten Schriftsteller (Gerber, Pfeiffer, Puchta, Unger) sehen in dem Stiftungsgeschäft ein zweiseitiges Rechtsgeschäft, eine Schenkung. So auch das Reichsgericht in der Entsch. Bd. V S. 143. Fragt man, wer denn die in dem Stiftungsgeschäft liegende Offerte annehme, so antworten einige wie das Reichsgericht darauf: die Vertretung der zur Existenz gelangten Stiftung, andere: die die Staatsgenehmigung ertheilende Behörde. Erstere Auffassung ist aber unhaltbar; denn vor Existenz der Stiftung fehlt es an einem Rechtssubject, das die Annahme aussprechen könnte, nach dem Erwerb der Rechtsfähigkeit der Stiftung ist aber die Annahme des im Stiftungsgeschäfte gewidmeten Vermögens logisch nicht möglich; es sei denn, daß man annehme, Erlangung der Rechtsfähigkeit, der Rechtspersönlichkeit der Stiftung und Begabung mit dem Stiftungsvermögen seien zwei auseinanderfallende, nacheinander eintretende Rechtsakte. Wäre dies zutreffend, so könnte, wenn der Vertreter der Stiftung die im Stiftungsgeschäfte liegende Offerte nicht acceptirt, die Möglichkeit eintreten, daß das Rechtssubject der Stiftung ohne Object, nämlich ohne Stiftungsvermögen dasteht. Eine Stiftung hat aber Stiftungsvermögen zur nothwendigen Voraussetzung; ohne Vermögen ist eine Stiftung nicht denkbar.

Für die zweite Auffassung, daß die Offerte von der die Staatsgenehmigung ertheilenden Behörde Namens der Stiftung acceptirt werde, bietet die Fassung des § 80 keinerlei Anhalt. „Zur Entstehung einer rechtsfähigen Stiftung" ist nach ihm außer dem Stiftungsgeschäfte die staatliche Genehmigung erforderlich, also lediglich zu dem subjectiven Akte der Erlangung der Rechtsfähigkeit, nicht aber zu der im Stiftungsgeschäft weiter liegenden objectiven Seite, der Vermögensbegabung. Auf diese objective Seite bezieht sich § 80 überhaupt nicht, sie wird vielmehr in den §§ 82 und 84 behandelt.

Beiden Auffassungen steht außerdem der Umstand entgegen, daß sie nur bei einem zwiespältigen Wesen des Stiftungsgeschäfts, je nach dem es sich um ein solches unter Lebenden oder von Todeswegen dreht, haltbar wären; denn Letzteres ist, wie der Regel nach jede letztwillige Verfügung, einseitig; der zweiseitige Charakter stände nur bei ersterem in Frage. Es ist aber nicht abzusehen, warum das Stiftungsgeschäft hier anders geartet sein soll als dort.

Man wird deshalb das Stiftungsgeschäft im Sinne des BGB. als ein einseitiges aufzufassen haben, eine Annahme, von der für das gemeine Recht Demelius*) und neuerdings Kohler,**) für das preuß. Recht Förster-Eccius***) und wenigstens, was die Familienstiftung anbetrifft, Hinschius †) ausgeht.

Entw. I ließ die Controverse unentschieden und gab seinem § 58 mit Rücksicht darauf, „daß im Leben nicht selten für die Errichtung der Stiftung die Vertragsform gewählt wird," eine Fassung, „die einer solchen Errichtung nicht entgegentritt" (M. I S. 119): „Der Stifter ist an das die Errichtung bezweckende Rechtsgeschäft nicht gebunden, auch wenn nur seine einseitige, nicht angenommene Willenserklärung vorliegt." Entw. II, dessen Fassung die des Gesetzes ist, hat hier Remedur geschafft. Das BGB. enthält sich jeder Andeutung über die Controverse. Die Commission II des BGB. stand aber auf dem hier vertretenen Standpunkt: „Aus dem Wesen des einseitigen Rechtsgeschäfts folge an sich die freie Widerruflichkeit (der Stiftung). Es entspreche auch der Billigkeit gegenüber dem Stifter, ihm die Freiheit seinen Willen zu ändern . . . zu wahren. . . . Die Analogie der Vertragsofferte lasse sich für eine frühere Bindung nicht geltend machen." (Prot. II S. 1180.)

Daß ein Stiftungsgeschäft in einem Vertrage vorkommen kann, ist nicht zweifelhaft, aber dadurch wird es noch nicht zu einem zweiseitigen Rechtsgeschäft. Die gewählte Form des Vertrages ist dann nur etwas Zufälliges und hat mit dem Stiftungsgeschäft keinen essentiellen Zusammenhang; denn ob dem einen Vertragscontrahenten ein klagbares Recht auf Errichtung der Stiftung gegen den Anderen zusteht, was der Regel nach die Folge der Errichtung in einem Vertrage ist, berührt das Wesen der Stiftung und des Stiftungsgeschäfts nicht. Letzteres behält

---

*) Jahrb. f. Dogm. Bd. IV S. 145 ff.
**) Arch. f. bürg. R. Bd. III S. 228 ff.
***) pr. Privatr. Bd. IV S. 299 ff.
†) Hinschius, Anwalts-Zeitung de 1886 S. 385 ff.

seinen Charakter der Gründung einer neuen Rechtspersönlichkeit und der gleichzeitigen Bewidmung mit Vermögen auch trotz Errichtung in einem Vertrage.

Dem BGB. sind außer dem Stiftungsgeschäft einseitige Rechtsgeschäfte nicht unbekannt; so die Auslobung, §§ 657 ff., das abstracte Schuldversprechen, § 780, die Schuldverschreibung auf den Inhaber §§ 793 ff.

Bezüglich letzterer verwirft das BGB. die Vertragstheorie und stellt sich vollständig auf den Boden der Creationstheorie, welche in der Annahme der verpflichtenden Kraft des von dem Aussteller in der Urkunde niedergelegten und verbrieften einseitigen Versprechens wurzelt. Die Urkunde wird Träger eines Rechts, Rechtsobject, Sache.

Auch das Stiftungsgeschäft ist als Creation zu erachten; denn seine rechtliche Bedeutung besteht gleichwie bei dem Inhaberpapier in der verpflichtenden Kraft des in ihm zum Ausdruck gelangten einseitigen Versprechens. Während aber bei dem Inhaberpapier nur ein Rechtsobject, eine Sache ins Leben gerufen wird, enthält das Stiftungsgeschäft zwei von einander abhängige, durch einander bedingte und daher untrennbare Akte, eine subjective Seite, die Schaffung der Rechtspersönlichkeit, und eine objective Seite, die Begabung mit dem der Stiftung gewidmeten Vermögen.*)

Diese Auffassung hat für die Stiftung von Todeswegen nichts wesentlich Neues. Die Frage, ob in einer letztwilligen Verfügung eine Stiftung ins Leben gerufen und zugleich mit Vermögen bedacht werden könne, ist zum ersten Male bei Gelegenheit des Städel'schen Erbfalles aufgetaucht und damals Gegenstand vielfacher Streitschriften gewesen.**) Man verneinte die Frage, weil nach röm. Recht eine incerta persona nicht zum Erben eingesetzt werden könne; man bejahte sie, indem man eine Fiction behufs Construction der Rechtslage zur Hülfe nahm, die Stiftung dem nasciturus vergleichend. Wiewohl letztere Auffassung als absurd***) verschrieen wurde, hat sie doch sowohl in der gemein- wie in der preußischrechtlichen Praxis†) Anerkennung gefunden; auch § 2074

---

*) Prot. II S. 1185 wollten dieser Constructionsfrage nicht näher treten und überließen sie der Theorie und Praxis zur Entscheidung. Die Ansicht des Textes wird vertreten von Kohler a. a. O.
**) Glück, Pand. Comm. Bd. 40 S. 89 ff.; Wenck, Beitrag zur Lehre des Städel'schen Beerbungsfalles. Leipzig 1828.
***) Glück cit. S. 72.
†) Für das gem. Recht: Entsch. d. ObTrib. Bd. 40 S. 78 ff.; RG. bei Gruchot Bd. 32 S. 1072; für das preuß. Recht: Entsch. d. ObTrib. Bd. 30 S. 50.

jächj. GB. hat sie acceptirt. Unter diesen Umständen konnte der zu wählende Weg für das BGB. nicht zweifelhaft sein. Sowohl § 84 wie § 2043 Abs. 2 bringt sie zum Ausdruck.

Controvers ist die Frage nur bei der Stiftung unter Lebenden. Was in dieser Beziehung die Einseitigkeit des das Stiftungsgeschäft darstellenden Rechtsgeschäfts anbetrifft, so ist, wie wir gesehen haben, die Streitfrage für das BGB. zu bejahen. Was die Constructionsfrage anbetrifft, ob die Creation sich aus zwei Rechtsakten, einer subjectiven und einer objectiven Seite zusammensetzt und ob aus der Untrennbarkeit*) der beiden Seiten mit der Existenz der Rechtspersönlichkeit der Stiftung wie bei der von Todeswegen auch bei der unter Lebenden nothwendig die Begabung mit dem im Creationsakt ihr zugesicherten Vermögen unmittelbar und Kraft Gesetzes eintreten müsse, hat das

*) Zweifelhaft ist dabei, ob Zurückbeziehung auf den Zeitpunkt des Stiftungsgeschäfts im Sinne des BGB. der Constructionsfrage entspräche oder ob die Begabung mit dem Stiftungsvermögen erst zur Zeit der durch Ertheilung der staatlichen Genehmigung rechtskräftig ins Leben getretenen Stiftung einzutreten hätte. Faßt man das Stiftungsgeschäft durch die staatliche Genehmigung als suspensiv bedingt auf, so würde nach § 158 die Rechtswirksamkeit erst mit der staatlichen Genehmigung eintreten, was auch der constitutiven Kraft des Staatsactes der Genehmigung entspräche. Dem stände aber der sich bei der Stiftung mortis causa aus der letztwilligen Verfügung zu entnehmende Wille des Stifters entgegen, daß die Stiftung als Erbin eingesetzt ist, also mit seinem Tode, dem Erbfalle, das ihr gewidmete Vermögen auf sie übergehen soll, cf. § 159, 84. Für die Stiftung unter Lebenden — von dem Falle abgesehen, daß die Genehmigung erst nach dem Tode des Stifters ertheilt wird — stellt sich § 82 auf den Rechtsstandpunkt des § 158: Der Vermögensübergang wird auf das Stiftungsgeschäft nicht zurückbezogen, tritt vielmehr erst bei Ertheilung der staatlichen Genehmigung ein. — Man könnte nun, wiewohl es sich um eine staatliche Genehmigung, also um einen Staatsakt und nicht um die Erklärung einer Privatperson handelt, — auf welch' letztere §§ 182 ff. lediglich Bezug haben — dem § 184 Abs. 1 hier analogische Anwendung geben. Dann wäre der Vermögensübergang auf den Zeitpunkt der Errichtung des Stiftungsgeschäfts zurückzubeziehen und damit die Fassung des § 84, soweit es sich auf die Stiftung von Todeswegen bezieht, erklärt, doch nicht der Vermögensübergang bei der Stiftung unter Lebenden behandelnde § 82. Es ist daher der Auffassung der Vorzug zu geben, daß es sich um ein suspensiv bedingtes Rechtsgeschäft handelt. Soweit dabei § 84 die erst nach dem Tode des Stifters genehmigte Stiftung unter Lebenden trifft, handelt es sich um eine für diesen Fall gegebene Ausnahmevorschrift. Denn bei ihm findet weder Rückbeziehung auf den Zeitpunkt der Errichtung des Stiftungsgeschäfts, noch Vermögensübertragung zur Zeit des Eintritts der Bedingung, d. h. der staatlichen Genehmigung statt. Durch die im § 84 erfolgte Gleichstellung dieses Falles mit der Stiftung von Todeswegen ist eine Anomalie geschaffen, die lediglich Zweckmäßigkeitsrücksichten ihre Entstehung verdankt.

BGB. eine zwiespältige, wohl durch praktische Rücksichten bestimmte Stellung eingenommen, wie gleich zu erörtern ist.

Nach § 80 ist Staatsgenehmigung für die Entstehung der Stiftung b. h. den Erwerb der Rechtsfähigkeit unbedingtes Erforderniß. Es ist damit eine Controverse des gem. Rechts zur Entscheidung gebracht; denn wie für die juristischen Personen überhaupt, so herrschte auch bez. der Stiftung Streit, ob außer dem Stiftungsgeschäft zur Erlangung der Rechtspersönlichkeit staatliche Genehmigung zu erfordern sei.*) Für das preuß. Recht verlangt § 42 ALR. II, 19 ausdrückliche oder stillschweigende Genehmigung bez. der piae causae, § 29 ALR. II, 4 bei Familienstiftungen Verlautbarnng des Stiftungsgeschäfts vor dem persönlichen Richter des Stifters, §§ 26, 73 ALR. II, 6 für andere Stiftungen Staatsgenehmigung, von der auch die meisten anderen deutschen Landesgesetze ausgehen (cf. die Zusammenstellung Mot. 1 S. 122). <small>3. Staatsgenehmigung und Vermögensübergang.</small>

Der Staatsgenehmigung, welche von dem Bundesstaat zu ertheilen ist, in dem die Stiftung ihren Sitz haben bezw. die Verwaltung geführt werden soll, kommt für die Stiftung dieselbe Bedeutung zu wie bei den registrirten Vereinen die Eintragung in das Vereins-Register (§ 21) und wie bei den concessionirten Vereinen die Verleihung (§§ 22 und 23). Sie schafft, begründet die Rechtspersönlichkeit, hat daher constitutive und nicht confirmative Wirkung. Zwar bildet das Stiftungsgeschäft die unerläßliche Voraussetzung, die Grundlage der staatlichen Genehmigung der Stiftung, es fällt aber in sich zusammen, ist ein nihil actum, sobald die Genehmigung versagt wird.

Jedes Stiftungsgeschäft des privaten Rechts — von Stiftungen des öffentlichen Rechts z. B. solchen, die durch einen Staatsakt ins Leben gerufen werden, ist das nicht zu sagen; sie folgen besonderen Rechtsgrundsätzen — ist daher nothwendig suspensiv bedingt und diese Eigenschaft des Stiftungsgeschäfts übt seinen Einfluß auf die rechtliche Gestaltung des Vermögensüberganges auf die Stiftung nach erfolgter Genehmigung. Dabei ist zu unterscheiden die Stiftung von Todeswegen und die unter Lebenden und innerhalb letzterer, ob es sich um ein erst nach dem Tode des Stifters zur Genehmigung gelangendes Stiftungsgeschäft handelt oder nicht.

a) Ist die Stiftung letztwillig ins Leben gerufen, so würde bei Anwendung der erbrechtlichen Grundsätze des BGB. die Stiftung nur als Nacherbe in Betracht kommen können; denn abgesehen von dem nasciturus (§§ 1923, 2043 Abs. 1) muß die physische Person, um Erbe

---

*) Windscheid, Pand. Bd. I § 60 S. 161 Note 2.

werden zu können, zur Zeit des Erbfalles bereits existiren, anderenfalls sie nur als Nacherbe eingesetzt werden kann. Das Gleiche gilt von der juristischen Person (§§ 2101, 2105, 2106, 2109, 2044). Um den umständlichen Weg, die Stiftung im Falle der Ertheilung der staatlichen Genehmigung als Nacherben anzusehen, was zur Voraussetzung hat, daß die ohne die Stiftung Berufenen zunächst als Vorerben eintreten (§ 2105), zu vermeiden, griff man zu der schon erwähnten Fiction, die werdende b. h. creirte aber noch nicht genehmigte Stiftung während dieses Werdezustandes mit dem nasciturus auf eine Linie zu stellen (Mot. 1 S. 123). Dieser Fiction giebt sowohl § 84 wie § 2043 Abs. 2 Ausdruck. Nach ersterer Vorschrift soll es so angesehen werden, als wenn die Stiftung schon vor dem Tode des Stifters Rechtspersönlichkeit erlangt hat und nach § 2043 soll, wenn die Stiftung nicht Alleinerbe, sondern Miterbe ist, die staatliche Genehmigung über die letztwillig errichtete Stiftung aber noch aussteht, die Auseinandersetzung bis zur Hebung der Unbestimmtheit ausgesetzt werden. Während Abs. 1 des § 2043 die gleiche Vorschrift für den Fall giebt, daß ein nasciturus zu den Miterben zählt, spricht Abs. 2 den gleichen Grundsatz bez. der noch nicht genehmigten Stiftung aus. Hier ist also die werdende Stiftung ganz deutlich vom Gesetz wie ein nasciturus behandelt!

In der Zwischenzeit zwischen dem Erbfall und der Ertheilung oder Versagung der staatlichen Genehmigung hat das Nachlaßgericht nach Maßgabe der §§ 1960 ff., soweit ein Bedürfniß dazu besteht, für die Sicherung des Stiftungs-Vermögens in Sonderheit durch Siegelung, Inventur, Einleitung einer Nachlaßpflegschaft Sorge zu tragen.

Wird die Genehmigung ertheilt, so geht das Stiftungs-Vermögen wie bei dem nasciturus unmittelbar und von Gesetzeswegen (§§ 1922, 1942 Abs. 1) auf die Stiftung über unter Anwendung des deutschrechtlichen Grundsatzes: le mort saisit le vif.

Das gilt indeß nur, wenn die Stiftung als Erbe berufen ist; ist sie nur Vermächtnißnehmer, so kann nach der Gestaltung, die das BGB. der Vermächtnißlehre gegeben hat, unmittelbarer Uebergang des Stiftungsvermögens niemals stattfinden. Sie hat in diesem Fall nur einen persönlichen Anspruch an den Erben auf Leistung des Stiftungsvermögens (§ 2174), es steht ihr gegen denselben nur die Leistungsklage und nicht wie im Falle der Erbeinsetzung die mit dinglichem Charakter versehene hereditatis petitio zu. Während aber bei einem sonstigen Vermächtniß dann, wenn die Persönlichkeit eines Vermächtnißnehmers erst durch ein nach dem Erbfall eintretendes Ereigniß bestimmt wird, der Anfall erst mit dem Eintritte dieses Ereignisses erfolgt (§ 2178), wird bei der Stiftung in Gemäßheit des § 84 der Anfall des Vermächtnisses auf den Erbfall zurückbezogen.

b) Das unter Lebenden errichtete Stiftungsgeschäft gelangt erst nach dem Tode des Stifters zur Genehmigung. Während der dem § 84 BGB. entsprechende § 62 Abf. 3 Entw. I: - „Wird die Genehmigung ertheilt, so gilt sie in Ansehung des Erbfalles als schon vor dem Erbfalle ertheilt" sich nur auf die Stiftung von Todeswegen bezog, erhielt § 84 im Entw. II seine jetzige auch den erwähnten Fall der Stiftung unter Lebenden mittreffende Fassung: „Wird die Stiftung erst nach dem Tode genehmigt, so gilt sie für die Zuwendungen des Stifters als schon vor dessen Tode entstanden." (Gleichzeitig wurde auch dem § 2043 Abs. 2 seine jetzige erweiterte Fassung gegeben, die nicht nur die Stiftung von Todeswegen, sondern auch den beregten Fall der Stiftung unter Lebenden in sich begreift (cf. Prot. II S. 8143 ff.).

Der fragliche Fall ist mithin der Stiftung von Todeswegen vollständig gleichgestellt: Es bestimmt § 84 nicht nur den Zeitpunkt des Uebergangs des Stiftungsvermögens für den Fall der Ertheilung der staatlichen Genehmigung, sondern ordnet auch unmittelbaren kraft Gesetzes erfolgenden Vermögensübergang an. Letztere Rechtsfolge ist schon aus der gleichen Behandlung und bedingungslosen Gleichstellung beider Fälle zu entnehmen, ergiebt sich aber auch aus dem für das bei der Stiftung von Todeswegen maßgebend gewesene gesetzgeberische Motiv der Aufstellung des Fictionsgedankens, der bei der Ausdehnung des § 84 bezw. 2043 Abs. 2 auf den beregten Fall auch auf diesen mit zur Anwendung gekommen ist.

Dieses gesetzgeberische Motiv ist, wie erwähnt, auf Zweckmäßigkeitsrücksichten zurückzuführen; man wollte den umständlichen Weg, daß die Stiftung als Nacherbin in Betracht komme, vermeiden. Wäre aber jene Fiction nicht auf den Fall in Rede ausgedehnt, so würde sich ein noch viel complicirteres Rechtsverhältniß ergeben; denn die Stiftung unter Lebenden könnte nicht als Universal-, sondern nur als Singularsuccessor erachtet werden, es stände also nicht unmittelbarer Eigenthumsübergang des Stiftungsvermögens in Frage, sondern es müßten die einzelnen, zu ihm gehörigen Vermögensobjecte von dem Vorerben durch den für jedes derselben gegebenen Uebertragungsakt auf die Stiftung transferirt werden. Die Fassung der beiden angezogenen §§ nöthigt dazu, anzunehmen, daß der Gesetzgeber, wie er dem umständlichen Verfahren bei der Stiftung von Todeswegen glaubte vorbeugen zu sollen, das noch complicirtere Verfahren bei der zwar creirten, aber zur Zeit des Todes noch nicht genehmigten Stiftung gleichfalls habe ausschließen wollen.*)

Vergleicht man diese der Stiftung von Todeswegen und der Stiftung unter Lebenden im Falle der erst nach dem Tode des Stifters eingehenden staatlichen Genehmigung im BGB. gegebene Gestaltung mit der Rechtsauffassung, daß die Creation sich aus zwei Rechtsakten, einer subjectiven und objectiven Seite zusammensetzt, daß aus der Untrennbarkeit der beiden Akte mit der Existenz der Rechtspersönlichkeit der Stiftung nothwendig auch die Begabung mit dem im Stiftungsgeschäft gewidmeten Vermögen eintreten müsse, daß aber eine derartige kraft Gesetzes erfolgende Begabung mit Vermögen nur unmittelbaren Vermögensübergang bedingen könne, so ist diese Construction gewahrt bei der Stiftung von Todeswegen und in dem beregten Falle der Stiftung unter Lebenden.

c) Betrachtet man — abgesehen von dem erörterten Ausnahmefalle — die Stiftung unter Lebenden, so ist jener Constructionsfrage nur zum Theil Raum gegeben. Die Consequenz dieser Construction bedingt, daß, wie dies außerhalb des Erbrechts bei der Gütergemeinschaft im § 1438 BGB. angeordnet ist und auch für das preuß. Recht in der Theorie**) vertreten worden ist, es der Uebertragung der einzelnen zum Stiftungsvermögen gehörigen Gegenstände im Falle des Eintritts der Rechtsfähigkeit der Stiftung durch ein besonderes Rechtsgeschäft nicht bedarf, daß also, soweit es sich um im Grundbuch eingetragene Rechte (Eigenthum, Hypotheken ꝛc.) handelt, Berichtigung des Grundbuchs hinreicht. § 82 läßt aber unmittelbaren Vermögensübergang nur zu, soweit Rechte in Frage stehen, zu deren Uebertragung der Abtretungsvertrag genügt, verlangt im Uebrigen von dem Stifter die Uebertragung des im Stiftungsgeschäfte zugesicherten Vermögens auf die Stiftung und erklärt ihn zu dieser Uebertragung mit dem Augenblick der staatlichen Genehmigung für verpflichtet, d. h. es steht der Stiftung ein klagbares Recht gegen den Stifter auf die Uebertragung zu.

Damit ist folgende Rechtslage geschaffen:

Rechte, zu deren Uebertragung lediglich der Abtretungsvertrag, d. h. der von der causa, dem ihm unterliegenden obligatorischen Rechtsverhältnisse losgelöste und deshalb abstracte Natur tragende sog. dingliche Vertrag, ohne daß noch ein weiteres rechtliches Erforderniß, eine

---

*) Eine eingehendere Begründung der Nothwendigkeit der Annahme des transitus legalis cf. bei Riedel, BGB. S. 212 Note *.

**) Förster-Eccius, preuß. Privatr. Bd. 4 S. 700 Note 23 und Hinschius Anwalts-Zeitung de 1866 S. 420 ff.

weitere Rechtshandlung hinzuzutreten hätte, genügt, kennt das BGB. nur in sehr beschränktem Umfange, z. B. beim Erlaß (§ 397), bei der Uebertragung von Forderungen und anderen Rechten (§§ 392, 413), bei der Bestellung des Pfandrechts an Rechten, wofern zur Uebertragung derselben nicht die Uebergabe einer Sache erforderlich ist (§ 1274), bei der Bestellung des Nießbrauchs an einem Rechte (§ 1069).

Dagegen hat in den weitaus meisten Fällen der Uebertragung von Rechten zu dem dinglichen Vertrage noch ein weiteres Erforderniß hinzuzutreten. Rechte an Grundstücken (Eigenthumsübertragung eines Grundstücks, Belastung eines solchen, Uebertragung oder Belastung eines Rechtes an einem Grundstücke) erfordern außer dem dinglichen Vertrage noch als zweites Requisit: die Eintragung der Rechtsveränderung in das Grundbuch (§ 873). Bei der Eigenthumsübertragung eines Grundstücks und der Bestellung des Erbbaurechts ist der Abschluß des dinglichen Vertrages sogar an die erschwerte Form gebunden, daß er bei gleichzeitiger Anwesenheit beider Theile, des Veräußerers und Erwerbers, vor dem Grundbuchamt erklärt werden muß (§§ 925, 1015). Behufs Eigenthumsübertragung, der Nießbrauchsbestellung und Verpfändung von Mobilien (auch Inhaberpapiere gehören hierher, §§ 797, 1081, 1293) hat zu dem dinglichen Vertrage noch die Tradition hinzuzukommen (§§ 929, 1032, 1205).

Unmittelbarer Rechtsübergang, wie er der consequenten Durchführung im Sinne jener Constructionsfrage entspräche, wird demnach bei den im Stiftungsgeschäft unter Lebenden erfolgten Zuwendungen nur selten eintreten, aber auch diese wenigen Fälle des unmittelbaren Vermögensüberganges ist der Stifter auszuschließen befugt; denn § 82 läßt den transitus legalis nur zu, wofern „nicht aus dem Stiftungsgeschäft sich ein anderer Wille des Stifters ergiebt".

Das BGB. enthält im § 81 Abs. 1 nur eine Form-Vorschrift für das Stiftungsgeschäft unter Lebenden. Für das Stiftungsgeschäft von Todeswegen bedurfte es keiner Sonderbestimmung. Die Form ist hier durch die das Stiftungsgeschäft enthaltende letztwillige Verfügung gegeben. Jede Form einer letztwilligen Verfügung genügt: die ordentliche (§ 2231 ff.) oder außerordentliche (§ 2249 ff.) Form des Testamentes, der Erbvertrag, bei Ehegatten und Verlobten auch der Ehevertrag (§ 2276), das gemeinschaftliche Testament (§§ 2265 ff.), das Vermächtniß (§§ 1939, 1941).

Für das Stiftungsgeschäft unter Lebenden forderten die Entwürfe gerichtliche oder notarielle Form. Sie näherten sich dadurch der in dem § 29 ALR. II, 4 der Familienstiftung gegebenen Gestaltung, die Ver-

1. Form des Stiftungsgeschäfts unter Lebenden und rechtliche Natur desselben.

lautbarung vor dem persönlichen Richter des Stifters bedingt. Die Reichstags-Commission sah indeß in dem weiteren Erforderniß der für die Stiftung aufgestellten staatlichen Genehmigung „eine genügende Garantie für die Unzweifelhaftigkeit und Sicherheit der in dem Stiftungsgeschäft enthaltenen Willenserklärung",*) und setzte an Stelle der gerichtlichen oder notariellen lediglich die schriftliche Form. Es genügt daher ein von dem Stifter eigenhändig durch Namensunterschrift vollzogenes Schriftstück (§ 126). Ist diese Form nicht gewahrt, ist das Stiftungsgeschäft nichtig (§ 125).

Was die Widerruflichkeit des Stiftungsgeschäfts anbetrifft, so gehen die Meinungen im gem. Recht darüber sehr auseinander, ob und bis wann sie zulässig ist. Einige halten den Stifter sofort bei seiner Erklärung fest, andere lassen, wofern sie die Staatsgenehmigung postuliren, die Unwiderruflichkeit mit dieser, noch andere mit der Uebergabe der Stiftungssache eintreten.**) Das preuß. Recht enthält keine einschlägige Vorschrift. Entw. I, § 58 knüpfte die Gebundenheit an die Errichtung des Stiftungsgeschäfts. Die späteren Entwürfe und mit ihnen das BGB. (§ 81) lassen Widerruf während des Schwebezustandes, d. h. in dem Zeitraum zwischen der Vornahme des Stiftungsgeschäfts und der Ertheilung der staatlichen Genehmigung zu. Ist die Genehmigung indeß bei der zuständigen Behörde, d. h. bei dem Bundesstaate, in dessen Gebiete die Stiftung ihren Sitz haben soll, bezw. dem Bundesrathe (§ 80) nachgesucht, so kann der Widerruf nur diesen gegenüber erklärt werden. Stirbt der Stifter vor Einreichung des Gesuches um Genehmigung des Stiftungsgeschäfts, so haben die Erben freie Hand, ob sie die Genehmigung nachsuchen wollen oder nicht. Ist das Gesuch aber vom Stifter bei der zuständigen Behörde eingereicht oder ist im Falle gerichtlicher oder notarieller Beurkundung des Stiftungsgeschäfts auch nur das Gericht oder der Notar bei oder nach der Beurkundung mit der Einreichung betraut (§ 81 Abs. 2), so ist der Erbe zum Widerrufe nicht mehr berechtigt. Hat der letztere selbst nach dem Tode des Erblassers das von diesem errichtete Stiftungsgeschäft zur Genehmigung eingereicht, so kann ihm auch das Recht des Widerrufs nicht abgesprochen werden.

Das Alles gilt aber nur für die Widerruflichkeit des Stiftungsgeschäfts unter Lebenden. Für das von Todeswegen kennt das BGB. keine Sondervorschriften. Aus dem Wesen der letztwilligen Verfügungen

---

*) Reichstags-Commissionsbericht Nr. 440 S. 25.
**) Kohler, Arch. für bürg. Recht Bd. 3 S. 229 ff.

folgt die freie Widerruflichkeit der in solchen errichteten Stiftungen seitens des Testators von selbst. Nur bei in Erbverträgen enthaltenen Stiftungsgeschäften gilt Abweichendes, §§ 2290, 2291, 2293.

Soweit das BGB. bez. der Verfassung der Stiftung keine Bestimmungen enthält — und solche giebt es im § 86 nur bez. Inhalt und Umfang der Vertretungsmacht des Vorstandes — kommt Particular=recht zur Anwendung. Soweit auch dies keine Vorschriften enthält, ist der Selbstbestimmung des Stifters keine Schranke gesetzt, § 85. 5. Verfassung der Stif-tungen und Aufhebung derselben.

Soweit § 86 bez. der Vertretungsmacht des Vorstandes Normen enthält, geschieht dies durch Verweisung entsprechender Anwendung der für die Vereine gegebenen Vorschriften: Jede Stiftung muß, um am Verkehrsleben Theil nehmen zu können, einen Vorstand haben (§ 26 Abs. 1). Er hat die Stellung eines gesetzlichen Vertreters und vertritt die Stiftung gerichtlich und außergerichtlich. Seine Vertretungsmacht ist unbeschränkt, kann aber mit Wirkung gegen Dritte beschränkt werden, § 26 Abs. 2. Neben dem Vorstand können für gewisse Geschäfte, z. B. um gegen den Vorstand Klage zu erheben, besondere Vertreter bestellt werden, § 30. Für ihre und des Vorstandes außercontractliche zum Schadensersatz verpflichtenden Handlungen ist die Stiftung haftbar, § 31. Der Vorstand haftet den Gläubigern der Stiftung persönlich, wofern er es versäumt, im Falle der Ueberschuldung rechtzeitig den Concurs anzumelden, § 42 Abs. 2. Der Vorstand kann aus mehreren Personen bestehen; jedoch gilt das im § 28 Abs. 1 für die Beschluß=fassung des Vereinsvorstandes aufgestellte Majoritätsprincip nur, in=soweit nicht die Verfassung der Stiftung etwas Anderes bestimmt oder sich daraus etwas Anderes ergiebt, daß die Verwaltung von einer öffent=lichen Behörde geführt wird. Mit der gleichen Maßgabe kommt auch der das innere Verhältniß zwischen Verein und Vorstand regelnde § 27 Abs. 3 auf die Stiftung zur Geltung. Die Vorschrift endlich, daß bei Vorhandensein mehrerer Mitglieder eines Vorstandes die Abgabe einer Willenserklärung gegenüber einem Mitgliede genügt (§ 28 Abs. 2) und daß beim Fehlen des Vorstandes das zuständige Amtsgericht in dringenden Fällen den Vorstand ergänzen kann, sind nur soweit für anwendbar erklärt, als die Verwaltung nicht von einer öffentlichen Behörde ge=führt wird, § 86.

Die Aufhebung und Umwandlung der Stiftung war nach den Entwürfen dem Landesrecht überlassen. § 87 verdankt seine Entstehung den Beschlüssen der Reichstags-Commission. Er regelt die Aufhebung und Umwandlung der Stiftung mit Ausschluß des Landesrechts für alle Arten von Stiftungen, in Sonderheit auch für die Familien=

ſtiftungen, ſo daß z. B. die Aufhebung der letzteren durch Familien=
beſchluß (§§ 40 ff. ALR. II, 4 und preuß. Geſ. v. 15./2. 1840) nicht
weiter zuläſſig iſt. Die Aufhebung der Stiftung erfolgt
    a) im Falle der Eröffnung des Konkurſes: § 86 erklärt den § 42
Abſ. 1, wonach ein Verein die Rechtsfähigkeit durch Eröffnung des
Konkurſes verliert, ausdrücklich entgegen den Vorentwürfen auf die
Stiftung entſprechend für anwendbar;
    b) wenn die Erfüllung des Stiftungszweckes unmöglich geworden
iſt, z. B. wenn die Stiftung ihr Vermögen eingebüßt hat, wenn bei
einer Familienſtiftung die geſammte Familie ausgeſtorben iſt, alſo keine
Bezugsberechtigten mehr vorhanden ſind;
    c) wenn ſie das Gemeinwohl gefährdet.

In den Fällen zu b und c kann der Staat der Stiftung auch
eine andere Zweckbeſtimmung geben, jedoch iſt dabei die Abſicht des
Stifters thunlichſt zu berückſichtigen, § 87 Abſ. 2.

Mit dem Erlöſchen der Stiftung fällt nach § 88 das Vermögen
an die in der Satzung beſtimmten Perſonen, jedoch hat, wie beim Verein,
Liquidation einzutreten. Die dieſelbe regelnden Vorſchriften der §§ 47—53
finden auch auf die Stiftung entſprechende Anwendung. Enthält die
Verfaſſung keine Beſtimmung über die Anfallberechtigung, ſo tritt der
Fiscus als Anfallberechtigter nach Maßgabe der Vorſchriften über eine
ihm als geſetzlichen Erben anfallende Erbſchaft ein, § 46. Liquidation
iſt in dieſem Fall wie beim Verein ausgeſchloſſen.

Verlag von Siemenroth & Troschel in Berlin W.

Das Reichsgesetz

betreffend

die Gesellschaften mit beschränkter Haftung

vom 20. April 1892 nebst einem Anhang,

enthaltend

1. das preußische Gesetz

betr. die Kosten für die in Folge des Reichsgesetzes vom 20. April 1892 bei der Führung des Handelsregisters vorkommenden Geschäfte vom 12. Juni 1892,

2. einen Entwurf eines Gesellschaftsvertrages.

Erläutert

von

F. Birkenbihl,

Gerichts-Assessor.

1893. VIII u. 413 S. gr. 8°. Geh. Mk. 8.—, geb. Mk. 9.—.

„… Birkenbihl's Werk liefert einen auf breiter Grundlage angelegten vollständigen Kommentar zum Gesetze. Daß große wissenschaftliche Auseinandersetzungen vermieden werden, ist kein Vorwurf, den wir erheben. Das Werk bietet des Wissenschaftlichen genug, indem es alle nur denkbaren Zweifelsfragen unter Heranziehung alles bisherigen wissenschaftlichen Materials in kurzen Zügen erörtert. Insbesondere ist dies bei dem innigen Zusammenhange der Gesetzesvorschriften mit den aktienrechtlichen Bestimmungen anzuerkennen, daß die Ergebnisse der aktienrechtlichen Literatur und Judikatur umfassend verwerthet sind. Wer sich ein Bild von der Art der Birkenbihl'schen Kommentirung machen will, lese beispielsweise die Erläuterung zum § 43 (S. 220—229) nach, welcher die Bilanzvorschriften des Gesetzes enthält. Der Verfasser formulirt die Fragen präcis, beantwortet sie kurz und treffend und verfehlt dabei nicht, die bisher laut gewordenen Stimmen für und wider zu citiren. Das Buch kann seiner ganzen Anlage nach bestens empfohlen werden." (R.-A. Dr. **Staub** i. d. Z. f. G. 1893. Nr. 12.)

Schlieckmann — Die Gesellschaft mit beschränkter Haftung.

Darstellung dieser Gesellschaft zum Gebrauche in der Praxis. Von **Schlieckmann,** Geh. Justizrath. 1895. IV u. 44 S°. 8. Geh. 1 Mark.

Verlag von Siemenroth & Troschel in Berlin W.

Anleitung
zur
Verwaltung von Konkursen
nach der
Reichs-Konkursordnung.

Auf der Grundlage der einschlägigen Gesetze und Reichsgerichtsentscheidungen für die Praxis bearbeitet

von

Senst,
Landgerichtsrath.

Dritte, vermehrte Auflage.

1896. XII u. 335 S. 8°. Geb. Mk. 5.—.

„Das Buch beschränkt sich nicht bloß auf die Ertheilung von Rathschlägen zur Konkursverwaltung, sondern durchdringt mit großer Sachkunde und unter Herausarbeitung der mannigfachsten Rechts- und Zweckmäßigkeitsfragen das gesammte Konkursrecht. Zusammen mit dem 1890 erschienenen „Handbuch für Konkursrichter" desselben Verfassers wird hier die vollständigste und gründlichste systematische Darstellung der schwierigen Rechtsmaterie geboten, zugleich aber der Zweck einer schnellen Orientirung durch große Uebersichtlichkeit der Darstellung erreicht."
„Blätter für Rechtspflege im Kammergerichtsbezirk. 1892. Nr. 89."

„Daß obiges Buch, welches den Inhalt der K.-K.-O. in leicht verständlicher und übersichtlicher Form darstellen und dadurch den Konkursverwaltern die Führung der Geschäfte erleichtern will, einem praktischen Bedürfnisse dient, ergiebt sich schon daraus, daß nach wenigen Jahren eine zweite Auflage nothwendig geworden ist. Durch die neue Bearbeitung wird die Brauchbarkeit des Werkes wesentlich erhöht. Der Verfasser hat nicht nur den gesammten Text einer genauen Durchsicht unterzogen, sondern auch den Stoff in verschiedenen Richtungen vermehrt. Die landesgesetzlichen Vorschriften und die Entscheidungen des Reichsgerichts sind in größerem Umfange berücksichtigt worden. Auch die in den Beilagen enthaltenen Muster für Inventur-Bilanzen und Schlußrechnung sind insoweit erweitert worden, als jetzt zwischen einfacheren und größeren Sachen unterschieden ist. Das Buch wird allen Konkursverwaltern gute Dienste leisten."
Reichsgerichtsrath **Petersen** im Juristischen Literaturblatt 1892 S. 12.

Senst, — **Handbuch für Konkursrichter.** Auf der Grundlage der Reichs-Konkursordnung vom 10. Februar 1877, sowie der einschlägigen reichs- und landesrechtlichen Vorschriften für den praktischen Gebrauch bearbeitet von **Senst,** Amtsrichter. 1890. X u. 281 S. Geh. Mk. 4.—, cart. Mk. 4.50.

Verlag von Siemenroth & Troschel in Berlin W.

Die Gebührenordnung für Rechtsanwälte

vom 7. Juli 1879

nebst den einschlägigen Bestimmungen anderer Reichsgesetze und den landesgesetzlichen Ausführungsverordnungen.

Mit Kommentar

von

Heinrich Walter,
Rechtsanwalt und Notar a. D.

Dritte, durchgearbeitete Auflage.

1895. XVI u. 532 S. gr. 8°. Geheftet 9 Mark. Gebunden 10 Mark.

Gegenüber der früheren Auflage ist der Erläuterungsstoff beträchtlich vermehrt, die Verwerthung der litterarischen Hülfsmittel erheblich ausgedehnt. Das Sachregister ist um ca. 300 Stichworte verstärkt, und ein chronologisches Register der Entscheidungen ꝛc. ist hinzugefügt.

„Trotz des befolgten Grundsatzes, in allen Zweifelfällen soweit möglich eine benigna interpretatio zu Gunsten der Anwälte eintreten zu lassen, an welchem Grundsatz gegenüber den dagegen erhobenen Bedenken auch jetzt entschieden und mit eingehender Motivirung festgehalten wird, hat sich dieser Kommentar in der Praxis ein berechtigtes Ansehen erworben und es ist derselbe für die Richter und Anwälte ein geradezu unentbehrliches Hülfsmittel geworden."
Zeitschr. für freiw. Gerichtsbarkeit 1895, Nr. 9, S. 273.

„Für die Auslegung der Gebühren-Ordnung selbst erschöpfend, bietet der Kommentar noch weit mehr; so ist z. B. zum § 10 der Gebühren-Ordnung die ganze Lehre von der Berechnung des Streitwerthes (C.P.O. § 3 ff.) eingeschaltet und mit allen einschlägigen Entscheidungen belegt. Ebenso bringt die stete Heranziehung des Gerichtskostengesetzes zahlreiche Exkurse mit sich, sodaß das Buch zugleich als ein Kommentar zu fast sämmtlichen Paragraphen des letzteren Gesetzes anzusehen ist. So darf dasselbe als ein fast unentbehrliches Hülfsmittel Allen empfohlen werden, welche sich mit dieser intricaten Materie zu beschäftigen haben."
Zeitschrift für Rechtspflege 1895, Nr. 89, Beilage.

Verlag von Siemenroth & Troschel in Berlin W.

Preußisches Gerichtskostengesetz

vom 25. Juni 1895.

Für die Praxis erläutert

durch

Landgerichtsrath **Tierk** und Landgerichtsrath **Jerusalem**,
Mitglied des Hauses der Abgeordneten.

1895. XII u. 222 S. gr. 8". Preis geh. 4 Mk., geb. 5 Mk.

Die Gebührenordnung für Notare

vom 25. Juni 1895.

Für die Praxis erläutert

durch

Landgerichtsrath **Jerusalem**, und Landgerichtsrath **Tierk**.
Mitglied des Hauses der Abgeordneten.

1895. VIII u. 163 S. gr. 8°. Preis geh. 3 Mk., geb. 4 Mk.

Die Art der Bearbeitung der beiden Kommentare zeugt ebenso sehr von der Vertrautheit der Verfasser mit der schwierigen Materie, wie sie ein richtiges Verständniß für die Bedürfnisse der landläufigen Praxis erkennen läßt.
Besondere Aufmerksamkeit ist dem Rheinischen Rechte zugewendet.
Der bei mancher Gesetzesbestimmung naheliegenden Versuchung, auf Kosten der Klarheit breiter zu werden, als es für den Praktiker erwünscht ist, sind die Verfasser glücklicherweise nicht unterlegen.

Verlag von Siemenroth & Troschel in Berlin W.

Das Reichsgesetz

betreffend

die Gesellschaften mit beschränkter Haftung

vom 20. April 1892 nebst einem Anhang,

enthaltend

1. das preußische Gesetz

betr. die Kosten für die in Folge des Reichsgesetzes vom 20. April 1892 bei der Führung des Handelsregisters vorkommenden Geschäfte vom 12. Juni 1892,

2. einen Entwurf eines Gesellschaftsvertrages.

Erläutert

von

F. Birkenbihl,

Gerichts-Assessor.

1893. VIII u. 413 S. gr. 8°. Geh. Mk. 8.—, geb. Mk. 9.—.

„... Birkenbihl's Werk liefert einen auf breiter Grundlage angelegten vollständigen Kommentar zum Gesetze.

Daß große wissenschaftliche Auseinandersetzungen vermieden werden, ist kein Vorwurf, den wir erheben. Das Werk bietet des Wissenschaftlichen genug, indem es alle nur denkbaren Zweifelsfragen unter Heranziehung alles bisherigen wissenschaftlichen Materials in kurzen Zügen erörtert. Insbesondere ist dies bei dem innigen Zusammenhange der Gesetzesvorschriften mit den aktienrechtlichen Bestimmungen anzuerkennen, daß die Ergebnisse der aktienrechtlichen Literatur und Judikatur umfassend verwerthet sind.

Wer sich ein Bild von der Art der Birkenbihl'schen Kommentirung machen will, lese beispielsweise die Erläuterung zum § 43 (S. 220—229) nach, welche die Bilanzvorschriften des Gesetzes enthält.

Der Verfasser formulirt die Fragen präcis, beantwortet sie kurz und treffend und verfehlt dabei nicht, die bisher laut gewordenen Stimmen für und wider zu citiren. Das Buch kann seiner ganzen Anlage nach bestens empfohlen werden." (R.-A. Dr. **Staub** i. d. Z. f. G. 1893. Nr. 12.)

Schlieckmann — Die Gesellschaft mit beschränkter Haftung.

Darstellung dieser Gesellschaft zum Gebrauche in der Praxis. Von **Schlieckmann,** Geh. Justizrath. 1895. IV u. 44 S. 8°. Geh. 1 Mark.